D1997157

MIX
Papier aus verantwortungsvollen Quellen
Paper from responsible sources
FSC® C105338

Eduard Fuchs

Strategische und organisatorische Neuausrichtung eines IT-Dienstleistungsunternehmens

am Beispiel des neu geschaffenen Geschäftsbereichs Anwendungsentwicklung

Diplomica® Verlag GmbH

Fuchs, Eduard: Strategische und organisatorische Neuausrichtung eines IT-Dienstleistungsunternehmens am Beispiel des neu geschaffenen Geschäftsbereichs Anwendungsentwicklung. Hamburg, Diplomica Verlag GmbH 2013

ISBN: 978-3-8428-9094-7
Druck: Diplomica® Verlag GmbH, Hamburg, 2013

Bibliografische Information der Deutschen Nationalbibliothek:
Die Deutsche Nationalbibliothek verzeichnet diese Publikation in der Deutschen Nationalbibliografie; detaillierte bibliografische Daten sind im Internet über http://dnb.d-nb.de abrufbar.

Die digitale Ausgabe (eBook-Ausgabe) dieses Titels trägt die ISBN 978-3-8428-4094-2 und kann über den Handel oder den Verlag bezogen werden.

Dieses Werk ist urheberrechtlich geschützt. Die dadurch begründeten Rechte, insbesondere die der Übersetzung, des Nachdrucks, des Vortrags, der Entnahme von Abbildungen und Tabellen, der Funksendung, der Mikroverfilmung oder der Vervielfältigung auf anderen Wegen und der Speicherung in Datenverarbeitungsanlagen, bleiben, auch bei nur auszugsweiser Verwertung, vorbehalten. Eine Vervielfältigung dieses Werkes oder von Teilen dieses Werkes ist auch im Einzelfall nur in den Grenzen der gesetzlichen Bestimmungen des Urheberrechtsgesetzes der Bundesrepublik Deutschland in der jeweils geltenden Fassung zulässig. Sie ist grundsätzlich vergütungspflichtig. Zuwiderhandlungen unterliegen den Strafbestimmungen des Urheberrechtes.

Die Wiedergabe von Gebrauchsnamen, Handelsnamen, Warenbezeichnungen usw. in diesem Werk berechtigt auch ohne besondere Kennzeichnung nicht zu der Annahme, dass solche Namen im Sinne der Warenzeichen- und Markenschutz-Gesetzgebung als frei zu betrachten wären und daher von jedermann benutzt werden dürften.

Die Informationen in diesem Werk wurden mit Sorgfalt erarbeitet. Dennoch können Fehler nicht vollständig ausgeschlossen werden, und der Diplomica Verlag, die Autoren oder Übersetzer übernehmen keine juristische Verantwortung oder irgendeine Haftung für evtl. verbliebene fehlerhafte Angaben und deren Folgen.

© Diplomica Verlag GmbH
http://www.diplomica-verlag.de, Hamburg 2013
Printed in Germany

Danksagung

Für die Unterstützung bei der Erstellung dieses Buches möchte ich mich bei Diplom-Medienberater Thomas Schwarz bedanken. Ohne die intensiven, sehr aufschlussreichen und oft bis weit in die Abendstunden hineinreichenden Gespräche und die daraus entstandenen Ideen, wäre ich in manchen Bereichen nicht so gut vorwärts gekommen. Auch für die vielen Korrekturen, die zahlreichen Formulierungshilfen und vor allem die damit verbundenen Aufwände, die er trotz seines chronisch überfüllten Terminkalenders zusätzlich auf sich genommen hat, möchte ich mich ganz herzlich bedanken.

Nicht vergessen zu danken möchte ich an dieser Stelle Michael Flum und der cellent AG, ohne deren Beteiligung die Umsetzung dieses Buchprojektes nie Realität hätte werden können.

Vielen Dank auch an Dr. Herwig Mehlo, der mir durch mehrfaches Korrekturlesen und die in diesem Zuge gemachten Änderungsvorschläge neue Sichtweisen eröffnet hat. Auch bei Diplom-Verwaltungswirtin Miriam Reichensdörfer und Alexander Arzt möchte ich mich für die vielen Stunden des Korrekturlesens bedanken.

Nicht unerwähnt lassen möchte ich die Unterstützung von Betina Vetter bei meinen Versuchen, den Tücken von Microsoft Word Herr zu werden, sowie von Harry Baumann, der mir eine Hilfe bei der Bearbeitung von Grafiken war.

Mein ganz besonderer Dank gebührt jedoch meiner Lebensgefährtin Sabine Schübel. Sie hat mir während den Phasen der Recherche und dem Schreiben dieses Buches den Rücken freigehalten, meine stressbedingten Launen geduldig ertragen und mich bestärkt, wenn ich an mir gezweifelt habe. Dafür danke ich Dir!

Abstract

Gegenstand des vorliegenden Fachbuches ist die Entwicklung einer Geschäftsbereichsstrategie eines IT-Dienstleistungsunternehmens und deren organisatorische Umsetzung. Das Buch gliedert sich dabei in mehrere Teile. Der erste Teil befasst sich mit den Grundlagen strategischer Unternehmensplanung und den unterschiedlichen Herangehensweisen an den Strategieentwicklungs- und Umsetzungsprozess, aus deren Synthese eine Vorgehensweise für den beispielhaft herangezogenen Geschäftsbereich Anwendungsentwicklung erstellt wird. Im anschließenden Hauptteil werden dann verschiedene Methoden und Werkzeuge zur Strategieentwicklung vorgestellt, welche im Kontext der Aufgabenstellung bewertet und angewendet werden. Die sich daraus ergebende Strategie wird, eingebettet in eine Wachstumsstrategie, anschließend operationalisiert. Dies erfolgt auf der Grundlage eines Maßnahmenpakets, welches die Neuausrichtung des ursprünglichen Portfoliobereichs Anwendungsentwicklung des Unternehmens verfolgt. Hierzu werden Aufbauorganisation, Ablauforganisation, Projektorganisation und die Rollen der Mitarbeiter im Unternehmen neu definiert, jeweils entlang wirtschaftswissenschaftlicher Grundlagen und Erkenntnisse. Für die Steuerung der Umsetzung wird abschließend ein Kontrollinstrument erarbeitet, welches auf Basis von konkreten Leistungsindikatoren die nachhaltige Umsetzung der Maßnahmen sicherstellen soll. Im letzten Teil des Buches werden die Ergebnisse kritisch beleuchtet und ein Ausblick auf die Zukunft gegeben.

Inhaltsverzeichnis

Danksagung **5**

Abstract **6**

Inhaltsverzeichnis **7**

Abbildungsverzeichnis **9**

Tabellenverzeichnis **10**

Abkürzungsverzeichnis **11**

1 Einleitung **13**

1.1 Hinführung 13

1.2 Betriebliches Umfeld 13

1.3 Ausgangssituation und Problemstellung 14

1.3.1 Anwendungsentwicklung in der cellent AG 14

1.3.2 Problemstellung 15

1.4 Tragweite und Zielsetzung 18

1.5 Abgrenzung 21

1.6 Aufbau des Buches 21

2 Grundlagen strategischer Unternehmensplanung **23**

2.1 Begriffsverständnis und Einordnung 23

2.1.1 Strategische Planung vs. Strategieentwicklung 23

2.1.2 Strategie 23

2.1.3 Organisation 25

2.2 Relevanz und Bedeutung von Strategie und Organisation 26

2.3 Strategieentwicklung und organisatorische Umsetzung 28

3 Strategieentwicklung **34**

3.1 Betrachtungsbereich 34

3.2 Leitbildentwicklung 35

3.2.1 Begriffsdefinition 35

3.2.2 Vision 35

3.2.3 Kernwerte 37

3.2.4 Mission 38

3.3 Situationsanalyse 39

3.3.1 Analyse der internen Ressourcen 39

3.3.2 Analyse Umfeld und Wettbewerb 45

3.4 Ermittlung und Auswahl strategischer Handlungsoptionen 50

3.5 Auswahl der Wachstumsstrategie ... 54

4 Strategieumsetzung ... 58

4.1 Vorgehensweise ... 58

4.2 Ableiten von Maßnahmen aus der Strategie ... 59

4.3 Festlegen der Aufbauorganisation ... 61

4.4 Festlegen der Ablauforganisation ... 63

4.5 Festlegen der Projektorganisation ... 64

4.6 Festlegen der Mitarbeiterrollen ... 65

5 Steuerung und Kontrolle der Strategieumsetzung ... 67

6 Fazit und Ausblick ... 70

Anhang ... 73

A Tabellen zur Unternehmensanalyse ... 73

A.1 Tabellen für die Kernkompetenzanalyse ... 73

A.2 Skalierung Marktrelevanz und Kompetenzniveau ... 77

A.3 Branchenanalyse ... 79

B Balanced Scorecard Messgrößen und Zieldefinitionen ... 82

C Zusätzliche Abbildungen ... 85

C.1 Übersicht klassischer Organisationsformen ... 85

C.2 Projektorganisationsformen ... 86

D Prozessbeschreibungen ... 87

D.1 Beratungsprojekt ... 87

D.2 Entwicklungsprojekt ... 95

Literaturverzeichnis ... 109

Abbildungsverzeichnis

Abbildung 1: Bisherige Niederlassungsstruktur der cellent AG 15
Abbildung 2: Neue aufbauorganisatorische Grobstruktur der cellent AG 19
Abbildung 3: Strategie – der Weg zum Ziel ist selten ohne Hindernisse 23
Abbildung 4: „Alignment for Implementation": Zur Umsetzung der Strategie erforderliche Komponenten 26
Abbildung 5: Relevanz der strategischen Planung 27
Abbildung 6: Gemeinsame Elemente erfolgreicher Strategien 28
Abbildung 7: Prozess der strategischen und organisatorischen Neuausrichtung der BU Software Development 31
Abbildung 8: Deliberate and Emergent Strategies 32
Abbildung 9: Visionen können nach innen oder außen orientiert sein 36
Abbildung 10: Vision der cellent AG, festgelegt durch den Vorstand 37
Abbildung 11: Kernwerte der cellent AG 38
Abbildung 12: Kompetenzportfolio 45
Abbildung 13: Ebenen des Unternehmensumfeldes 46
Abbildung 14: Elemente der Konkurrenzanalyse 47
Abbildung 15: Die fünf Triebkräfte des Wettbewerbs 48
Abbildung 16: Mögliche Input-Quellen für die SWOT-Analyse 51
Abbildung 17: SWOT-Normstrategien 52
Abbildung 18: Das strategische Dreieck 56
Abbildung 19: Drei unterschiedliche strategische Optionen 57
Abbildung 20: Verbesserungspotenziale bei der strategischen Planung 59
Abbildung 21: Neue aufbauorganisatorische Struktur der BU SD mit Erweiterungsmöglichkeit 63
Abbildung 22: Laufbahnmodell und Mitarbeiterrollen der BU SD 66
Abbildung 23: Umsetzungsgrad der Strategien 67
Abbildung 24: Die fünf Perspektiven der Balanced Scorecard der BU SD 68
Abbildung 25: Ursachen-/Wirkungskette der Balanced Scorecard der BU SD 69
Abbildung C1: Klassische Strukturtypen der Aufbauorganisation 85
Abbildung C2: Stabs- bzw. Einfluss-Projektorganisation 86
Abbildung C3: Reine Projektorganisation 86
Abbildung C4: Matrix-Projektorganisation 87
Abbildung D1: Mit Sycat modellierte Prozesskette eines Beratungsprojektes 88
Abbildung D2: Mit Sycat modellierte Prozesskette eines Entwicklungsprojektes 96

Tabellenverzeichnis

Tabelle 1: Verschiedene Vorgehensweisen zur strategischen Planung in der Literatur 30
Tabelle 2: Vor- und Nachteile der Kernkompetenzanalyse 42
Tabelle 3: Ergebnismatrix der quantitativen Analyse 43
Tabelle 4: Skill-Mapping-Matrix mit den aus der Skill-Cluster-Analyse ermittelten Kernkompetenzen 44
Tabelle 5: Wettbewerbsdynamik bezogen auf Softwareentwicklung (Auswahl) 49
Tabelle 6: SWOT-Portfolio des Geschäftsbereichs SD 52
Tabelle A1: Auswahl erfolgreicher Projekte der letzten drei Jahre (Kunden sind anonymisiert) 75
Tabelle A2: Matrix zur quantitativen Kompetenzanalyse 76
Tabelle A3: Skalierung von Marktrelevanz und Unternehmenskompetenzniveau 77
Tabelle A4: Ergebnis der Skillbewertung nach Relevanz und Stufe 78
Tabelle A5: Branchenstrukturanalyse für die Business Unit Software Development 81
Tabelle B1: Messgrößen und Zieldefinitionen für die BSC der BU SD mit einem Horizont von einem Jahr 84

Abkürzungsverzeichnis

AG	Aktiengesellschaft
AktG	Aktiengesetz
BSC	Balanced Scorecard
bspw.	beispielsweise
BU	Business Unit, deutsch: Geschäftsbereich
bzw.	beziehungsweise
ebd.	ebenda
et al.	et alii, deutsch: und andere
etc.	et cetera, deutsch: und weitere
f.	folgende (Seite)
ff.	folgende (Seiten)
ggü.	gegenüber
i. d. R.	in der Regel
i. V. m.	in Verbindung mit
KMU	Kleinere und mittlere Unternehmen
KPI	Key Performance Indicator, deutsch: Leistungskennzahl
MA	Mitarbeiter
o. g.	oben genannt(e)
o. V.	ohne Verfasser
s. l.	sine loco, deutsch: ohne Ort
s. n.	sine nomine, deutsch: ohne Namen
SD	Software Development, der in diesem Buch behandelte Geschäftsbereich
sog.	sogenannte/r/s
SW	Software
tlw.	teilweise
u. a.	unter anderem
vgl.	vergleiche
vs.	versus, deutsch: gegen
z. B.	zum Beispiel

1 Einleitung

1.1 Hinführung

Vor annähernd 2000 Jahren beherrschte eine einzige Stadt den Großteil der damals bekannten Welt: Rom. Die Römer waren äußerst erfolgreich darin, ein Volk nach dem anderen zu unterwerfen und darüber hinaus jahrhundertelang in der Lage, den verschiedensten potentiellen Eindringlingen die Stirn zu bieten. Der Aufstieg des römischen Reichs zur größten Supermacht der Antike basierte dabei vor allem auf dem Militär, welches sich wiederum durch zwei Erfolgsfaktoren auszeichnete: einer aus damaliger Sicht modernen Strategie sowie einer klar gegliederten, durchdachten Struktur bzw. Organisation.

Übertragen in die heutige Zeit gelten diese beiden Tugenden immer noch – auch in der Unternehmensführung. Damit sich ein Unternehmen im Wettbewerb behaupten kann, muss es über eine klare Strategie sowie eine die Umsetzung derselben optimal unterstützende Organisationsstruktur verfügen. Schlecht aufgestellte Unternehmen verschwinden vom Markt.

Doch auch die Römer verfügten nicht von Beginn an über ausgeklügelte Kampfstrategien und Organisationsstrukturen, die den Erfordernissen und der Größe ihres späteren Reiches angemessen waren. Überlegen war die römische Armee vor allem auch deshalb, weil sie sich immer weiterentwickelte. Und auch hier ergeben sich Parallelen für ein Unternehmen – ohne sich weiterzuentwickeln, strategisch wie organisatorisch, wird es sich nicht erfolgreich am Markt behaupten können.

Als Folge einer veränderten Umwelt erkannten bereits die Römer dabei die Notwendigkeit zur Erneuerung bzw. Restrukturierung. Am deutlichsten kommt dies an der 395 n. Chr. stattgefundenen Aufspaltung des zu diesem Zeitpunkt nicht mehr nur von einem Kaiser beherrschbaren Imperiums zur Geltung. Das zugrunde liegende Prinzip der Reorganisation durch Aufteilung nicht beherrschbarer Komplexe in kleinere, steuerbare Einheiten lässt sich wiederum gut auf heutige Unternehmen anwenden. Dies, ebenso wie die für einen unternehmerischen Erfolg bereits festgestellten strategischen und organisatorischen Voraussetzungen, wird im Verlauf dieses Buches anhand des konkreten Beispiels der cellent AG aufgezeigt.

1.2 Betriebliches Umfeld

Gegründet als Aktiengesellschaft entstand die cellent AG[1] am 01.01.2002 durch die Fusion von vier IT-Unternehmen unter dem Dach der Landesbank Baden-Württemberg, die 100 % der Anteile an der AG hält. Mit Sitz in Stuttgart und weiteren neun Standorten in Deutschland (Aalen, Böblingen, Fellbach bei Stuttgart, Karlsruhe, München und Neu-Ulm), in Österreich

---

[1] Vgl. (cellent AG, 2009).

(Graz, Wien) und der Schweiz (Neuhausen am Rheinfall) ist die cellent AG dort wo ihre Kunden sind und lebt wofür sie steht: Flexibilität und Nähe.

Seit 30 Jahren bietet die cellent AG Premium-Qualität bei der Realisierung ganzheitlicher, innovativer IT- und Organisationslösungen. Heute zählt die cellent-Gruppe mit einem geplanten Jahresumsatz von 70 Millionen Euro für 2010 zu den führenden IT-Unternehmen in Süddeutschland und aktuell zu den Top 20 IT-Beratungshäusern in Deutschland.[2] Mehr als 650 Mitarbeiter engagieren sich derzeit bei großen und mittelständischen Unternehmen unterschiedlicher Branchen. Zu den Kernkompetenzen zählen:

- die IT- und Organisationsberatung
- Full-Service Leistungen für SAP R/3 und mySAP Plattformen
- Mobilisierung von SAP Prozessen auf Basis standardisierter Templates für alle gängigen mobilen Endgeräte
- die Konzeption und Realisierung von individuellen Anwendungslösungen
- die Bereitstellung und der Betrieb von IT-Infrastrukturen.

1.3 Ausgangssituation und Problemstellung

1.3.1 Anwendungsentwicklung in der cellent AG

Dieser nicht klar abgrenzbare, als „Anwendungsentwicklung“ (AE) bezeichnete Portfoliobereich ist ausgerichtet auf die individuelle, maßgeschneiderte Entwicklung von Softwarelösungen auf Basis von Microsoft und Open-Source Programmiersprachen sowie der SAP-Anwendungsentwicklung. Die Mitarbeiter, die aufgrund ihres Tätigkeitsprofils (=dem Erstellen von Software jedweder Ausprägung) diesem Portfoliobereich zugerechnet werden können, waren in Bezug auf ihre Fähigkeiten und ihre technologische Ausrichtung sehr heterogen verschiedenen Niederlassungen aufbauorganisatorisch zugeordnet (vgl. Abbildung 1). Jede Niederlassung versuchte bisher, die ihr zugeordneten Kunden bestmöglich mit eigenem Personal zu bedienen und entwickelte dabei teilweise doppelt Mitarbeiter-Know-how und Strukturen. Wenn man so will, konnten die Niederlassungen durchaus als Konkurrenten angesehen werden – im Rahmen einer Profit-Center-Ausrichtung eine eigentlich wünschenswerte Konstellation.[3]

---

[2] Vgl. (Lünendonk GmbH, 2010).

[3] Vgl. hierzu (Hagemann, 2003 S. 15): „*Doch interne Profitcenter begünstigen isolierte Insellösungen. Jeder denkt nur an seinen eigenen Vorteil. Das ist innerhalb seines Mikrokosmos rational. Doch das Gesamtwohl des Unternehmens bleibt dabei häufig auf der Strecke.*“

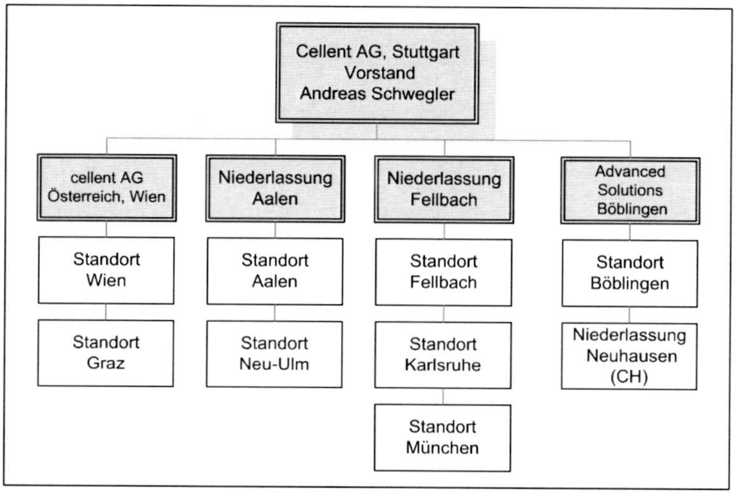

Abbildung 1: Bisherige Niederlassungsstruktur der cellent AG

1.3.2 Problemstellung

Mehr als die Hälfte aller Unternehmen in Deutschland waren von der Wirtschaftskrise der Jahre 2008 und 2009 betroffen.[4] Auch auf die cellent AG hatte die Krise spürbare Auswirkungen, so ist beispielsweise der Umsatz von 2008 auf 2009 um 16,6 %, das Unternehmensergebnis gar um 50,5 % eingebrochen.[5] Zu erklären sind diese Auswirkungen unter anderem durch den plötzlichen und massiven Wegbruch der Kunden- und Auftragsbasis und der Unfähigkeit der Organisation, diese Ausfälle in der Mitarbeiterauslastung zu kompensieren. Hierdurch wurde deutlich, dass die bisherige Ausrichtung des Unternehmens und die daraus abgeleitete, bereits erläuterte „innere Aufstellung" für den cellent Konzern nicht optimal ist. Einer zwischen Juli und August 2009 in Nordamerika und Europa durchgeführten Umfrage zufolge steht die cellent AG damit nicht alleine da: 59 % von 561 befragten Senior Executives stimmten der Aussage zu, dass die Krise Unzulänglichkeiten in ihren Organisationen aufgezeigt hat, 66 % nutzten sie sogar als einmalige Gelegenheit, um Veränderungen durchzusetzen, welche ansonsten nur schwer erfolgreich durchführbar gewesen wären.[6]

Bei der cellent AG hat die Krise u. a. folgende Probleme aufgedeckt:

---

[4] Vgl. (Bogedan, et al., 2009 S. 7).

[5] Vgl. (cellent AG, 2010).

[6] Vgl. (The Economist, 2009 S. 10).

Unklares Portfolio bzw. unklare Wissensverteilung

Über die jeweiligen Niederlassungsgrenzen hinaus war kaum bekannt, welches Know-how auf welchem Level in welcher Organisationseinheit vorhanden ist. Die Auswirkungen davon reichten von nicht optimaler Besetzung von Projekten über unnötige Fortbildungskosten, bis hin zu entgangenem Gewinn durch Ablehnung prinzipiell besetz- und realisierbarer Kundenanfragen.

Fehlende ganzheitliche Strategie

Die nicht existente niederlassungsübergreifende Strategie für den Portfoliobereich AE brachte eine uneinheitliche Gliederung des Bereichs, unterschiedliche Strukturen, Abläufe, Entwicklungsvorgehen, Ausbildungsstufen und -qualitäten mit sich. Dies hatte zur Folge, dass Kundenprojekte mit unterschiedlicher Qualität auf unterschiedlichem Niveau realisiert wurden und vor allem auch Skaleneffekte in der Entwicklung nicht genutzt werden konnten.

Darüber hinaus war eine niederlassungsübergreifende Austauschbarkeit der Mitarbeiter innerhalb der Projekte nicht gegeben, da mangels einer definierten, gemeinsamen Vorgehensweise jede Niederlassung auf ihre Art Projekte realisierte. Dies wiederum hatte sich als de-facto-Mangel während der Krise herausgestellt: In der Niederlassung Aalen waren einige Mitarbeiter der Anwendungsentwicklung ohne Beschäftigung, während in der Niederlassung Fellbach dringend noch zusätzliche Softwareentwickler benötigt wurden. Die Aalener Mitarbeiter mussten jedoch erst ein mehrere Monate dauerndes Fortbildungsprogramm durchlaufen, um dort einsetzbar zu sein.

Keine einheitliche Positionierung möglich

Die Anwendungsentwicklung konnte sich potentiellen Neu- aber auch Bestandskunden gegenüber einerseits nicht geschlossen, andererseits nicht mit einem klaren, einheitlichen Portfolio präsentieren. Mehrere Ansprechpartner waren zur Vorstellung eines Portfoliobereichs beim Kunden erforderlich. Dies erschwerte die Kommunikation mit dem Kunden, schaffte Reibungsverluste bei Projekten die eine niederlassungsübergreifende Zusammenarbeit erforderten und konnte in der Wahrnehmung des Kunden negative Eindrücke hinterlassen (Kompetenzzweifel, etc.).

Fehlende Differenzierungsmerkmale gegenüber Wettbewerbern

Durch die nicht einheitliche Positionierung gingen mögliche Differenzierungsmerkmale ggü. Billiganbietern sowie dem Wettbewerb allgemein verloren. Gerade die in Summe über alle Niederlassungen gegebene, breite technologische Aufstellung und die langjährige Erfahrung der Mitarbeiter in den unterschiedlichsten Branchen stellen nach wie vor ein herausragendes Merkmal der cellent AG dar. Dieses Differenzierungsmerkmal konnte jedoch aufgrund der Zersplitterung nicht genutzt und vor allem auch Kunden gegenüber nicht dargestellt werden.

Verschiedenste interne Zuständigkeiten

Aufgrund der Niederlassungsstruktur ergaben sich verschiedenste, teilweise auch doppelte Zuständigkeiten, war es in der Personalverantwortung, in der unterschiedlichen Gliederung der Projektteams oder der Zuordnung der Kunden. Zwar funktionierte jede Niederlassung für sich selbst betrachtet relativ gut, jedoch müssen im Kontext einer Krise die Abläufe auch unternehmensweit effizient funktionieren. Genau das war mit der Niederlassungsstruktur nicht gegeben, da die bürokratischen Hemmnisse der verschiedenen Hierarchien es sehr aufwändig machten, bspw. Projekte niederlassungsübergreifend zu akquirieren, mit Personal zu besetzen und diese schlussendlich durch unterschiedlichste Fakturasysteme (siehe Abschnitt „Organisatorische Hemmnisse“) dem Kunden korrekt in Rechnung zu stellen – was wiederum nur einen kleinen Ausschnitt der erkannten Probleme darstellt.

Kannibalisierungseffekte

Ein Kunde der cellent AG wurde jeweils exklusiv einem sog. Kundenverantwortlichen (KV) zugeordnet, welcher über Umsatzziele gesteuert den Kunden betreute und dessen Entwicklung bzw. „Erschließung“ verantwortete. Ein KV war wiederum einer spezifischen Niederlassung zugeordnet und hatte darüber hinaus auch ihm zugeordnete Mitarbeiter. Die Personaleinsatzplanung eines von ihm akquirierten Auftrags konnte der KV mit Mitarbeitern jedweder Niederlassung durchführen; um jedoch diesen Umsatz und die daraus resultierende Auslastung in seiner Niederlassung zu behalten und – ganz pragmatisch – weil die Abstimmung einfacher war, wurde ein solcher Auftrag vorrangig mit Mitarbeitern seiner Niederlassung besetzt.

Stagnierende und unkoordinierte Weiterbildung

Ein zentrales Weiterbildungsprogramm, welches durch eine konsolidierte Sicht auf die am Markt gefragten Themen eine eventuell heterogenere und damit breitere Aufstellung der Mitarbeiter zur Folge gehabt hätte, war nicht möglich, da zu viele Entscheider mit unterschiedlichsten Interessen eingebunden werden mussten. Diese hatten darüber hinaus auch noch widersprüchliche Zielsetzungen, da ein umsatzverantwortlicher KV und ein für die Fortbildung eines Mitarbeiters zuständiger Personalverantwortlicher je nach Zuordnung ein und dieselbe Person sein konnten. Der daraus resultierende Zielkonflikt Umsatz vs. Fortbildung wurde in der Regel zugunsten des Umsatzes entschieden. Der Wegfall eines größeren Kontingents an Beauftragungen im selben technologischen/fachlichen Bereich hatte daher weitaus gravierendere Folgen für die Auslastung, weil die freiwerdenden MA sich technologisch recht einseitig immer nur mit Themen einer Niederlassung beschäftigten. Darüber hinaus waren sie aufgrund der Doppelrolle ihrer Vorgesetzten in diesen Themen auch noch selten auf aktuellem Stand der Technik. Dies erschwerte die erfolgreiche Platzierung dieser Mitarbeiter am Markt ungemein und führte schlussendlich im Jahr 2009 auf dem Höhepunkt der Wirtschaftskrise auch dazu, dass in der Anwendungsentwicklung zeitweise auf Kurzarbeit zurückgegriffen werden musste.

Organisatorische Hemmnisse

Bedingt durch die vier Gründungsunternehmen und die hauptsächlich daraus gebildeten Niederlassungen überdauerten auch deren unterschiedliche Fakturasysteme die Zeiten. So arbeitete die Niederlassung Aalen mit einer auf sie zugeschnittenen ERP-Lösung auf Basis von Microsoft Navision, während die anderen Niederlassungen hauptsächlich auf Basis von Microsoft Office-Produkten die Buchhaltung bedienten. Da jede Niederlassung im Rahmen ihrer Profit-Center-Ausrichtung autark war und sich auch ungern „in die Karten" schauen ließ, waren bisherige Anläufe in Bezug auf ein neues, zentrales Fakturasystem erfolglos. Im Ergebnis behinderte dies die interne Flexibilität, führte zu erhöhtem Faktura-Aufwand und hatte auch eine höhere Fehlerrate zur Folge.

Integrationsschwierigkeiten

Verschärfend kam hinzu, dass im Dezember 2009 eine weitere Firma akquiriert wurde, welche auch über ein größeres Team an Entwicklern verfügte. Bei Beibehaltung der bisherigen Aufstellung hätte dies eine weitere Aufsplitterung o. g. Punkte zur Folge gehabt. Darüber hinaus gab es bereits seit 2007 ein Tochterunternehmen in Österreich, welches rd. 100 Entwickler beschäftigte, jedoch nie operativ in die cellent AG integriert worden war. Um auch diesen Fehler zum einen zu korrigieren und zum anderen mit der neuen Akquisition nicht zu wiederholen, wurde Handeln unbedingt erforderlich. Die bisherige[7] Struktur musste nachhaltig, durchgehend und grundlegend geändert werden.

1.4 Tragweite und Zielsetzung

Um sich nun weiterhin am Markt nicht nur erfolgreich, sondern – wie am Beispiel der in der Einführung angesprochenen Römer – überlegen behaupten zu können, wurde der Unternehmensführung schnell klar, dass sich die cellent AG weiterentwickeln musste. Die Krise zeigte die Mängel der Unternehmensstruktur mehr als deutlich auf und zwang zu schnellem und vor allem durchgreifenden Handeln. Bei allen Schlüssen, die dabei auch aus den unter Kapitel 1.3.2 aufgeführten Punkten gezogen werden können, hat sich aber auch herausgestellt, dass der Motivation für die angeführte Restrukturierung keinesfalls die Aussage „Wir können *das Falsche*", also somit mangelndes Know-how, zugrunde liegt. Vielmehr braucht die cellent AG eine strategische und organisatorische Neuausrichtung vor allem aufgrund von Veränderungen des Marktes in dem sie tätig ist, somit also „Wir können das Richtige, *machen es aber falsch*" – eine klare Aufforderung, die Effizienz des Unternehmens zu verbessern.

Die bisherige Strategie der cellent AG war, sich durch regionale Nähe und langfristige Kundenbeziehungen gegenüber dem Wettbewerb zu differenzieren und damit einen Wettbewerbsvorteil zu erzielen. Diese Strategie geht im aktuellen Markt jedoch nur noch teilweise auf. Zu dieser

---

[7] Zum Zeitpunkt März 2010.

Erkenntnis geführt haben vor allem zwei strukturelle Veränderungen des Zielmarktes der cellent AG:

1.) Die Entscheidung darüber, welcher Dienstleister für welche Aufgabe beauftragt wird, wird vermehrt von Einkäufern aus dem oftmals räumlich wie persönlich weit entfernten zentralen Einkauf des Kunden gefällt
und
2.) bei den großen Kunden finden Lieferantenkonsolidierungen in bedeutendem Maßstab statt,[8] bei denen grob vereinfacht nur noch die Frage zählt „Wie viele Mitarbeiter mit den geforderten Skills hat der Anbieter (und das über alle Geschäftsbereiche!)?".

Um 1.) und 2.) überstehen zu können, muss sich die cellent AG als großes IT-Dienstleistungsunternehmen positionieren. Dies gelingt ihr nur als Gesamtunternehmen, mit ihrem vollständigen Dienstleistungsportfolio und einer sog. „360°-Abdeckung". Aus diesem Grund wurden im Rahmen der Initiative „ONEcellent" massive organisatorische Restrukturierungen angekündigt: Von der auf Niederlassungen ausgerichteten Organisation soll das Unternehmen auf eine Bereichsorganisation umstrukturiert werden, wie in Abbildung 2 dargestellt.

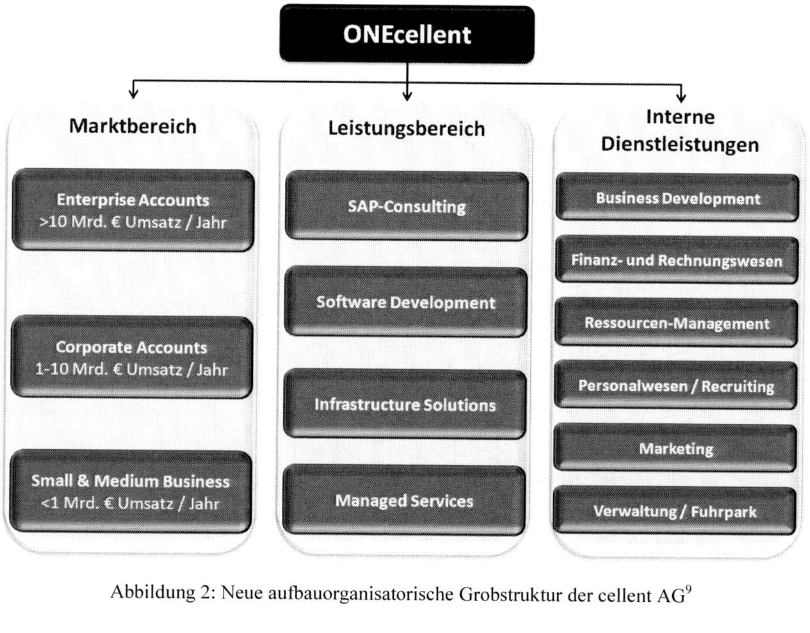

Abbildung 2: Neue aufbauorganisatorische Grobstruktur der cellent AG[9]

Die neue Struktur sieht eine Aufgliederung in Markt- und Leistungsbereiche sowie interne Dienstleistungen vor. Auf den letztgenannten Bereich wird im Folgenden nicht näher

[8] Vgl. (Stiehler, 2010).
[9] Eigene Arbeit in Anlehnung an die „ONEcellent"-Präsentation vom 26.10.2010.

eingegangen, da es sich um administrative Unterstützungsfunktionen handelt, die für die strategische und operative Ausrichtung des Unternehmens von untergeordneter Bedeutung sind.[10] Die Neuaufstellung der Marktbereiche ist hierbei auf das von Porter als *„needs-based positioning“* bezeichnete Konzept zurückzuführen, welches er bei der „Bessemer Trust Company“ als Beispiel für eine zielgruppenorientierte Vorgehensweise kennenlernte. Bei dieser Privatbank kommen auf jeden Account Officer maximal 14 wohlhabende Kundenfamilien. Mit diesem Konzept konnte die „Bessemer Trust Company“ die höchste Eigenkapitalrendite unter allen Mitbewerbern im Private Banking Umfeld erzielen.[11] Dieser Aufstellung entspricht die Aufteilung der Marktbereiche der cellent AG: Der Bereich „Enterprise Accounts“ hat bei lediglich 14 Kunden ein Team von sechs Account Managern und erzielt ca. 60 % der Umsätze, wohingegen der Bereich „Small & Medium Business“ ca. 220 Kunden hat und mit einem zehn Personen starken Account-Team 10 % der Umsätze erzielt.[12] Letzteres entspricht in Porters Beispiel der Aufstellung der Citibank, bei der es ein manager-to-client-Ratio von 1:125 gibt.[13] Die damit einhergehende Strategie „Full Service IT-Dienstleister“ steht folglich auch in Kontrast zum Fokus auf eine eingegrenzte, ausschließliche Zielgruppe – von Porter *„access-based positioning“* genannt.[14]

Weiterhin sieht die neue Struktur vier strategische Leistungsbereiche („Säulen“) vor, jeweils vertreten durch einen Bereichsleiter und den ihm zugeordneten Teamleitern, die wiederum die Mitarbeiter in disziplinarischer Personalverantwortung haben. Die Bereichsleiter berichten direkt an den Vorstand; somit entsteht eine sehr flache Hierarchie mit dem Ziel, Abstimmungs- und Verwaltungsaufwände zu reduzieren. Folgende vier Bereiche wurden als Kerngeschäft der cellent AG identifiziert: Managed Services, Infrastructure Solutions, Software Development und Business Solutions. Die Organisationseinheit „Niederlassung“ wird abgeschafft, es gibt nunmehr nur noch Standorte, welche Mitarbeiter beherbergen, die den jeweiligen Bereichen zugeordnet sind. Nach Aussage des Vorstands der cellent AG, Herrn Andreas Schwegler, soll dies ein *„Neuanfang ohne Altlasten“* werden, mit dem Ziel, einen *„Full Service IT-Dienstleister“*, einen *„Vollsortimenter“* mit *„360°-Ansatz“* zu erschaffen.[15] Damit ist auch der Umfang der strategischen und organisatorischen Neuausrichtung klar: Ausnahmslos alle Unternehmensbereiche sind betroffen! Die in Abbildung 2 gezeigte Grobstruktur wurde Ende Oktober 2010 im Rahmen einer Konzernversammlung veröffentlicht. Die organisatorische

---

[10] Diese Aussage ist nicht wertend, sondern bezieht sich maßgeblich auf die Aufgabenstellung, die weniger die Abbildung des Betriebs des Unternehmens zum Ziel hat als dessen Neuausrichtung.

[11] Vgl. (Porter, 1996 S. 66).

[12] Umsatzanteile entnommen der Rede von Frau Bianca Rehberger, Head of Enterprise Accounts der cellent AG, anlässlich der „ONEcellent“-Vorstellung am 26.10.2010 im Forum der LBBW Stuttgart.

[13] Vgl. (Porter, 1996 S. 67).

[14] Vgl. (Porter, 1996 S. 66).

[15] Aufgeführte Zitate Herrn Schweglers stammen von seiner Rede anlässlich der Vorstellung des „ONEcellent“-Konzepts bei der Konzernversammlung am 26.10.2010 im Forum der LBBW Stuttgart.

Umstrukturierung soll bis Ende 2011 abgeschlossen sein und wird von den Bereichen selbst geplant und umgesetzt.

Präzedenzfall für die beschriebene „neue Ordnung“ soll der neu geschaffene Geschäftsbereich „Software Development“ sein, in welchem alle Mitarbeiter des bisherigen Portfoliobereichs „Anwendungsentwicklung“ aufgegangen sind. Hier wurden bereits ein neuer Geschäftsbereichsleiter und für die am Standort Aalen angestellten 22 Entwickler zwei neue, disziplinarisch verantwortliche Teamleiter berufen. Die Aufgabe des neuen Bereichsleiters ist es nun, zusammen mit den Teamleitern dieses Konstrukt mit Leben zu füllen.

Genau hier setzt das vorliegende Buch mit dem Ziel an, eine Vorgehensweise für die strategische und organisatorische Neuausrichtung des Geschäftsbereichs Software Development innerhalb des cellent Konzerns zu erarbeiten.

1.5 Abgrenzung

Der Fokus dieser Ausarbeitung liegt auf den Bereichen Strategieentwicklung und organisatorische Neustrukturierung. Grund hierfür ist, dass einerseits die Betrachtung sämtlicher Aspekte der Neuausrichtung den Rahmen sprengen würde, andererseits speziell diese Bereiche Schlüsselelemente erfolgreicher Organisationen und somit auch einer Reorganisation sind,[16] was im weiteren Verlauf noch detaillierter ausgeführt wird. Darüber hinaus sind die im Laufe der strategischen Unternehmensplanung[17] gefällten Entscheidungen notwendige Voraussetzungen für weitere Restrukturierungsmaßnahmen wie z. B. Schaffung einer zentralen Faktura, Definition von Prozessen und Abläufen, Festlegung von Budgets, Erstellung von Stellenbeschreibungen, etc.

Ferner wird ein als zu tiefgehend eingeschätzter, zu granularer Ansatz vermieden. Beispielsweise werden die Gründe nicht näher erläutert, warum Menschen überhaupt in eine Organisation und/oder Hierarchie eingebunden werden sollten, da dies von Grant[18], Smith[19] und anderen bereits hinreichend hergeleitet und begründet wurde. Derlei Grundlagen werden als eine dem Leser bekannte Voraussetzung angesehen.

1.6 Aufbau des Buches

Das erste Kapitel soll dem Leser einen Eindruck von den Rahmenbedingungen vermitteln, sowie die Problemstellung erläutern, die gelöst werden soll. Darüber hinaus werden die Ziele und die Nicht-Ziele definiert.

---

[16] Vgl. (Galbraith, 1983 S. 63).
[17] Begriffserklärung siehe Kapitel 2.1.1.
[18] Vgl. (Grant, 2005 S. 192 ff.).
[19] Vgl. (Smith, 2009 S. 7 ff.).

Kapitel zwei erläutert und präzisiert die in dem Themenfeld der strategischen Unternehmensplanung gebräuchlichen Begrifflichkeiten, verdeutlicht deren Relevanz und erarbeitet als notwendige Basis ein Vorgehensmodell für die weitere Bearbeitung der Aufgabenstellung.

Um strukturiert eine Lösung erarbeiten zu können, ist es weiterhin sinnvoll die Aufgabenstellung in zwei Teile zu separieren. Der erste Teil befasst sich mit dem Thema Strategieentwicklung und schafft damit die Basis für die Herleitung einer Strategie für den neu gegründeten Geschäftsbereich Software Development im dritten Kapitel. Da die Strategie die Grundlage für die spätere Umsetzung ist, wird diesem Teil des Buches die meiste Aufmerksamkeit gewidmet. Der zweite Teil handelt von der Strategieumsetzung. Hier wird im vierten Kapitel erarbeitet, welche organisatorischen Strukturen erforderlich sind, um die zuvor entwickelte Strategie umzusetzen.

Das fünfte Kapitel beschäftigt sich mit der Fragestellung, wie die Umsetzung kontrolliert, gesteuert und gemessen werden kann, um sicherzustellen dass die Ziele nach der Umstrukturierung konsequent weiterverfolgt werden und eine nachhaltige Verbesserung erreicht wird.

Thematisch abgeschlossen wird das Buch mit dem sechsten Kapitel, in welchem ein Ausblick auf die Zukunft gegeben wird und sich in Form eines Fazits eine kritische Beurteilung der Ergebnisse anschließt.

2 Grundlagen strategischer Unternehmensplanung

2.1 Begriffsverständnis und Einordnung

2.1.1 Strategische Planung vs. Strategieentwicklung

Diese beiden Begriffe liegen thematisch sehr eng beieinander, wobei die Gefahr der Verwechslung oder der Fehlinterpretation besteht. Teilweise werden beide Begriffe in der Literatur auch synonym verwendet, bedeuten jedoch nicht dasselbe. Grundsätzlich ist Strategieentwicklung ein innovativer und kreativer Prozess, der sich nicht institutionalisieren lässt.[20] Die strategische Planung hingegen ist ein nicht weniger kreativer, jedoch stärker formalisierter Prozess, der der Evaluation, Konkretisierung und Konsolidierung von Ideen, existierenden Strategien, neuen Strategieansätzen, Rahmenbedingungen und Analyseergebnissen dient, um so die besten Strategien zu erhalten und diese dann vor allem auch umzusetzen. So hat beispielsweise die Strategieentwicklung mit der Strategieumsetzung nicht zwingend etwas zu tun, da beide unabhängig voneinander durchgeführt bzw. betrachtet werden können. Wie im weiteren Verlauf aufgezeigt wird, hängen sie jedoch stark voneinander ab und die strategische Unternehmensplanung bildet für beide im Prinzip den Rahmen bzw. beinhaltet sie.

2.1.2 Strategie

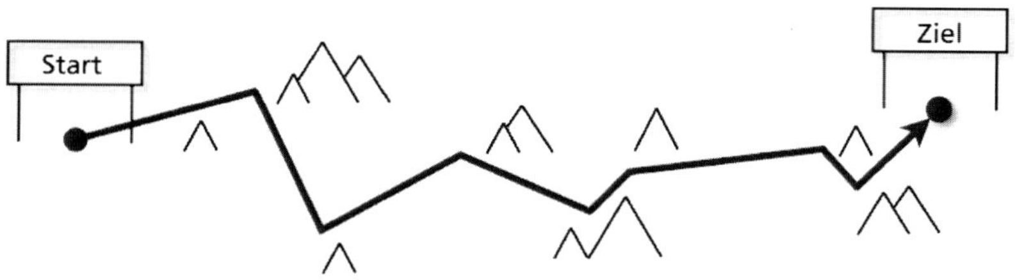

Abbildung 3: Strategie – der Weg zum Ziel ist selten ohne Hindernisse[21]

Es ist allgemein anerkannt, dass eine „gute“ Strategie der Ausgangspunkt für ein erfolgreiches Unternehmen ist.[22] Allerdings sind mehr als ein Drittel der im Rahmen einer empirischen Untersuchung befragten deutschen Manager der Ansicht, dass dieser Begriff den damit betrauten Personen gar nicht oder nur eingeschränkt klar ist.[23] Was ist nun eine Strategie aus wirtschaftswissenschaftlicher Sicht?

---

[20] Vgl. (Huber, 2006 S. 10).

[21] Entnommen aus (Infopark AG, 2008 S. 3).

[22] Vgl. Kapitel „*The Role of Strategy in Success*“, in (Grant, 2005 S. 5 ff.).

[23] Exakt 39 %, vgl. (Huber, 2006 S. 25 f.).

Fischermanns versteht recht knapp unter einer Unternehmensstrategie „*die Gesamtheit aller Entscheidungen zum Aufbau, Halten oder Verändern von Erfolgspositionen und/oder Erfolgspotenzialen*“[24]. Quinn hingegen definiert Strategie etwas umfangreicher:

> "*A strategy is the pattern or plan that integrates an organization's major goals, policies, and action sequences into a cohesive whole. A well-formulated strategy helps to marshal and allocate an organization's resources into a unique and viable posture based on its relative internal competencies and shortcomings, anticipated changes in the environment, and contingent moves by intelligent opponents.*"[25]

Mintzberg selbst kann den Begriff nicht eindeutig abgrenzen,[26] bietet aber nicht weniger als fünf mögliche Definitionen für „Strategie“ an – die Strategie als Plan, List, Handlungsmuster, Position und Perspektive.[27] Darüber hinaus definiert er Strategie wiederholt als „*ein Muster in einem Strom von Entscheidungen*“[28], welches für die klassische Strategie zwei Bedingungen erfüllen muss:

1. Es muss ein Plan (eine „Intended Strategy“) existieren, welcher
2. vollständig in die Tat umgesetzt wird (die „Realized Strategy“).[29]

Spengler findet auch nach umfassender Literaturrecherche keine einheitlich anerkannte Definition[30] und auch Grant hat für den Begriff keine eindeutige Erklärung, wenngleich er auch mit der Feststellung „*Strategy is about winning*“[31] einsteigt. Für ihn ist Strategie ein Schema oder ein Leitmotiv, welches den Entscheidungen einer Person oder Organisation einen Rahmen gibt. Grant sieht den Nutzen einer Strategie unter anderem darin, die Entscheidungsfindung jedes einzelnen Mitarbeiters zu unterstützen und zu vereinfachen. Dadurch, dass in großen Unternehmen die Entscheidungsfindung aufgrund unzähliger Variablen extrem komplex ist, kann ein Leitmotiv in Bezug auf die möglichen Entscheidungsalternativen beschränkend wirken, was den Entscheidungsprozess erleichtert.[32] Darüber hinaus sieht er in einer prägnant formulierten Strategie ein Hilfsmittel zur Koordinierung der vielfältigen, individuellen Aktionen innerhalb eines Unternehmens, welches der Organisation im gleichen Zuge ein zukünftiges Ziel vermittelt und

---

[24] Vgl. (Fischermanns, 2008 S. 62).

[25] (Mintzberg, et al., 2003 S. 10), sowie (Quinn, 1981 S. 44).

[26] Vgl. (Mintzberg, 1987b S. 16): „*It is important to remember that no one has ever seen a strategy or touched one; every strategy is an invention, a figment of someone's imagination.*“.

[27] Vgl. (Mintzberg, 1987b).

[28] Englisch: “*a pattern in a stream of decisions*”, vgl. (Mintzberg, 1987a S. 75), (Mintzberg, 1978 S. 934) und (Gabler, 1988 S. 1778 f.).

[29] Siehe hierzu auch die Ausführungen am Ende von Kapitel 2.3.

[30] Vgl. (Spengler, 2009 S. 33 ff.). Siehe hierzu auch (Ulwick, 1999 S. 3 f.).

[31] (Grant, 2005 S. 4).

[32] Vgl. (Grant, 2005 S. 27 ff.).

sie, wie es bereits Prahalad und Hamel mit ihrer Theorie des „strategic intent“ bei besonders erfolgreichen Unternehmen festgestellt haben,[33] darauf einschwört.

Zusammenfassend kann man sagen, dass eine Strategie die längerfristige Positionierung des Unternehmens im Markt sowie gegenüber Mitbewerbern bestimmt, mit dem Ziel, dauerhaft Wettbewerbsvorteile zu erzielen.[34] In anderen Worten bestimmt die Strategie die Aktivitätsfelder eines Unternehmens für einen längeren Zeitraum,[35] mit dem Zweck ein vorher definiertes Ziel zu erreichen.

2.1.3 Organisation

Jede Strategie, so ausgefeilt sie auch sein mag, ist nutzlos, wenn man sie nicht mindestens genauso sorgfältig und effektiv implementiert wie man sie erarbeitet hat.[36] Um demnach eine Organisation effizient und dadurch auch profitabel zu halten, sollte sich deren Struktur der vorgegebenen Strategie anpassen und von dieser abgeleitet werden.[37] Chandler sieht daher als Ursache für sich verändernde Organisationen ultimativ die sich verändernde Unternehmensstrategie: „*Unless structure follows strategy, inefficiency results*“[38].

Aus diesem Grund muss darauf geachtet werden, dass die Strategie über ein kohärentes Set von unterstützenden Methoden und Strukturen ablauf- und aufbauorganisatorisch gedeckt wird. Diese Deckung nennt man auch „Alignment“.[39] Um nun dieses Alignment zu erreichen, muss die Organisation den zur Umsetzung der Strategie erforderlichen Rahmen bereitstellen, welcher jedoch mehr als bloße Struktur ist,[40] wie aus Abbildung 4 hervorgeht.

---

[33] Vgl. (Prahalad, et al., 1989).
[34] Vgl. (Schmelzer, et al., 2008 S. 92).
[35] Vgl. (Johnson, et al., 2008 S. 2).
[36] Vgl. (Harvard Business School, 2006 S. 106), sowie (Grant, 2005 S. 9).
[37] Vgl. (Utikal, et al., 2006 S. 170).
[38] Vgl. (Chandler, 1975 S. 314).
[39] Vgl. (Harvard Business School, 2006 S. 108), sowie (Galbraith, 1983 S. 75).
[40] Vgl. (Galbraith, 1983 S. 64).

Abbildung 4: „Alignment for Implementation“: Zur Umsetzung der Strategie erforderliche Komponenten[41]

Kurzum: Die Organisation hat die Aufgabe, die mit der Strategie anvisierten Ziele in die Realität umzusetzen und das nach Möglichkeit entlang der von ihr vorgegebenen Pfade.

Das heißt aber keinesfalls, dass dies nach dem Einbahnstraßen-Prinzip funktioniert. Eine lernende Organisation gibt bei der Umsetzung der Strategie kontinuierlich Feedback und ermöglicht durch diesen Rückkopplungseffekt das Alignment zwischen Strategie und umsetzender Organisationsstruktur. Diese Schleifen finden ihren Ausdruck in einem Deming-Kreislauf (Plan/Do/Check/Act-Zyklus), welcher das Alignment begleitet und sich nicht nur auf die Arbeitsebene beschränkt, wie vielfach angenommen wird.[42]

2.2 Relevanz und Bedeutung von Strategie und Organisation

Welchen Stellenwert Strategie und Organisation im heutigen wirtschaftlichen Umfeld haben, lässt sich allein schon daran erkennen, dass mit den Ende der 90er Jahre aufgekommenen sog. „Corporate Governance-Frameworks“ versucht wird, auch die strategische Ausrichtung sowie die Strategieumsetzung von Unternehmen zu regulieren bzw. zu überprüfen.[43] So wurde bspw. mit dem Inkrafttreten des KonTraG[44] nun auch der Vorstand gesetzlich dazu verpflichtet, *„geeignete Maßnahmen zu treffen, [...] damit den Fortbestand der Gesellschaft gefährdende Entwick-*

---

[41] Entnommen aus (Harvard Business School, 2006 S. 109).

[42] Vgl. (Schmelzer, et al., 2008 S. 377).

[43] Siehe hierzu (Regierungskomission DCGK, 2010), Kapitel 3.2: *„Der Vorstand stimmt die strategische Ausrichtung des Unternehmens mit dem Aufsichtsrat ab und erörtert mit ihm in regelmäßigen Abständen den Stand der Strategieumsetzung“*. Der Deutsche Corporate Governance Kodex findet über den § 161 Eingang ins Aktiengesetz. Vgl. hierzu auch (Huber, 2006 S. 32).

[44] Das „Gesetz zur Kontrolle und Transparenz im Unternehmensbereich“, abgekürzt KonTraG, ist ein am 1. Mai 1998 in Kraft getretenes, vom Deutschen Bundestag am 5. März 1998 verabschiedetes Artikelgesetz, dessen Ziel es ist, die Corporate Governance in deutschen Unternehmen zu verbessern.

lungen früh erkannt werden"[45]. Die geforderte Risikofrüherkennung ist jedoch nur möglich, wenn das Unternehmen eine Strategie besitzt und die daraus abgeleiteten Ziele definiert sind, da nur dann eine Risikoanalyse und -bewertung erfolgen kann.[46] Denn wirklich bestandsgefährdende Risiken sind diejenigen, die eine mögliche Verfehlung der wichtigsten, nämlich strategischen Ziele des Unternehmens betreffen.[47] Daraus resultiert fast zwangsläufig die Notwendigkeit einer umfassenden strategischen Unternehmensplanung.

Auch unabhängig von gesetzlichen Vorschriften haben die Themenfelder Strategie und Organisation durchaus eine Daseinsberechtigung. Eine Umfrage unter 100 deutschen Unternehmen zum Thema „strategische Planung" hat ergeben, dass 95 % der Manager der Ansicht sind, dass strategische Planung wichtig ist. 89 % waren sogar der Ansicht, dass diese sogar als das zentrale Instrument der Unternehmensführung etabliert werden sollte, wie aus Abbildung 5 hervorgeht.[48]

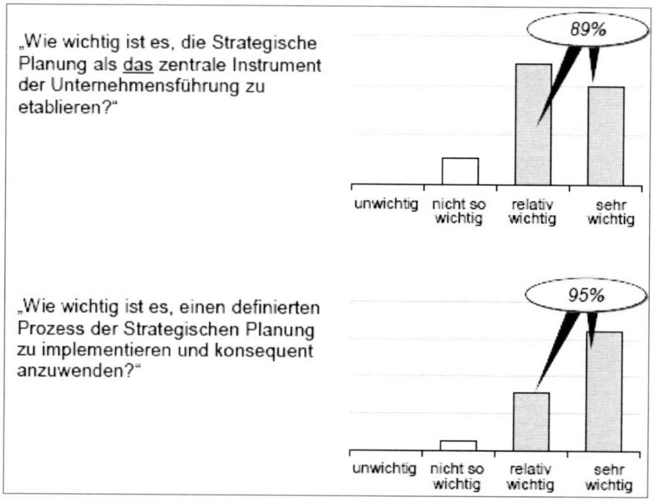

Abbildung 5: Relevanz der strategischen Planung[49]

Vor dem Hintergrund, dass eine Strategie nur so gut sein kann wie ihre Umsetzung,[50] ist die Relevanz der Organisation nicht in Frage zu stellen, ermöglicht sie doch erst die Implementierung der Strategie und ist damit eine notwendige Mindestvoraussetzung für deren Erfolg. Zutreffend ist auch, dass Organisationsstrukturen in der Regel von den Organisationsmitgliedern geschaffen werden, deren Hauptinteressen in der Effizienz, der Sicherung ihres Einflusses und dem Erhalt

[45] § 91 Abs. 2 AktG.

[46] Vgl. (Trauboth, 2000), Absatz „*Risikoidentifizierung*".

[47] Vgl. (WIMA GmbH, 2002).

[48] Vgl. (Huber, 2006 S. 11 ff.).

[49] Entnommen aus (Huber, 2006 S. 12).

[50] Vgl. (Capgemini Consulting, 2009 S. 17).

der Organisation liegen.[51] Dieselben Personen, üblicherweise das Management, sind auch für die Auswahl der die Strategieentwicklung des Unternehmens beeinflussenden Merkmale zuständig. Und hier schließt sich dann der Kreis: der Erfolg einer Strategie „*hängt wohl ganz entscheidend davon ab, wie schnell und wie gut die Struktur der Unternehmung dieser Strategie angepasst wird und wie gut sich das Management auf die neue interne Situation einstellen kann*“[52]. Somit kommt der Organisation und ihrer Struktur eine entscheidende Bedeutung beim Erfolg des Unternehmens zu.

2.3 Strategieentwicklung und organisatorische Umsetzung

Um die angestrebte Neuausrichtung des Geschäftsbereichs Software Development erreichen zu können, bedarf es eines zielgerichteten, strukturierten Vorgehens. In der Literatur gibt es eine nahezu unüberschaubare Vielfalt an Vorgehensweisen, wie ein Unternehmen, bzw. in diesem Beispiel ein Geschäftsbereich, nachhaltig erfolgreich ausgerichtet werden kann.

Bei der hier gewählten Vorgehensweise und der Aufgliederung in einzelne Schritte darf keinesfalls vergessen werden, dass „Strategieentwicklung“ und „Strategieimplementierung“ zwar separate Phasen im Business Reengineering bzw. in der Gestaltung von Unternehmenseinheiten sind, den Untersuchungen von Grant nach jedoch vollkommen voneinander abhängig sind, wenn sie eine *erfolgreiche* Strategie bilden sollen, wie in Abbildung 6 dargestellt.

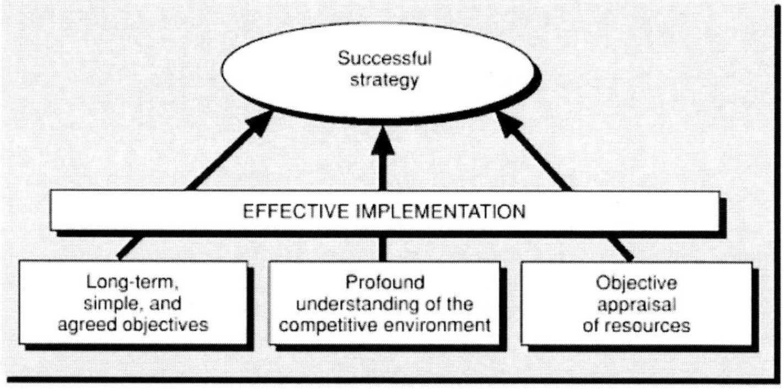

Abbildung 6: Gemeinsame Elemente erfolgreicher Strategien[53]

Eine Strategie, welche die Fähigkeit einer Organisation, dieselbe zu implementieren, nicht mit in Betracht zieht, ist eine miserable Strategie.[54] Im Umkehrschluss hat eine mit allen Fähigkeiten

---

[51] Vgl. (Kieser, et al., 2007 S. 29).

[52] (Kieser, et al., 2007 S. 241).

[53] Entnommen aus (Grant, 2005 S. 7).

ausgestattete Organisation nicht automatisch die beste Strategie. Demnach ist unbedingt die zugrundeliegende Organisation zu berücksichtigen,[55] egal welcher Form der Strategiefindung der Vorzug gegeben wird.

Beispielhaft sind nun in Tabelle 1 unterschiedliche Methoden und Vorgehensweisen aufgelistet, wie sie von diversen Autoren vorgeschlagen werden. Zu jedem Schritt findet sich der Bezug auf die Kapitel des vorliegenden Buches, denen sie entsprechen bzw. in denen sie Anwendung finden.

---

[54] Vgl. (Grant, 2005 S. 187 f.).

[55] Vgl. (Galbraith, 1983 S. 64).

Ablauf	(Haller, 2010)	(Gurun, et al., 2010)	(Wittmann, et al., 2008)	(Fischermanns, 2008)	(Hofmann, 2010)[56]	(Wüthrich, et al., 2000)
1.	Analyse der internen und externen Umwelt (Situationsanalyse) → *Kapitel 3.3*	Mission → *Kapitel 3.2*	Formulierung einer Business Vision → *Kapitel 3.2*	Strategische Geschäftsfelder identifizieren → *Kapitel 3.1*	Definition des Betrachtungsbereichs → *Kapitel 3.1*	Analyse der strategischen Ausgangslage → *Kapitel 3.2 & 3.3*
2.	Festlegung der Unternehmensmission → *Kapitel 3.2*	Objectives → *Kapitel 3.4*	Analyse von Umfeld und Wettbewerb → *Kapitel 3.3*	Kundenbedürfnisse ermitteln → *Kapitel 3.3*	Situationsanalyse → *Kapitel 3.2 & 3.3*	Bilden strategischer Optionen → *Kapitel 3.4*
3.	Definition der Unternehmensziele → *Kapitel 3.4*	Situation Analysis → *Kapitel 3.3*	Definieren einer Wachstumsstrategie → *Kapitel 3.5*	Wettbewerber analysieren → *Kapitel 3.3*	Zieldefinition → *Kapitel 3.4*	Bewertung der Optionen → *Kapitel 3.4*
4.	Priorisierung sowie Konkretisierung und Operationalisierung der Ziele → *Kapitel 4.2*	Strategy Formulation → *Kapitel 3.4*	Definieren der Kernkompetenzen → *Kapitel 3.3*	Kernkompetenzen identifizieren → *Kapitel 3.3*	Strategieformulierung → *Kapitel 3.4*	Strategieentwicklung und -formulierung → *Kapitel 3.4 & 3.5*
5.	Strategieentwicklung und -formulierung auf BU-Ebene → *Kapitel 3.4 & 3.5*	Implementation → *Kapitel* 4	Wertschöpfungskette & Aufbauorganisation erarbeiten → *Kapitel* 4	Marktstrategien formulieren → *Kapitel 3.5*	Maßnahmenplanung → *Kapitel 4.2*	Strategieumsetzung und Controlling → *Kapitel* 4 & 5
6.	Operative Planung (=Implementierung der Strategie) → *Kapitel* 4	Control → *Kapitel* 5	Implementierung → *Kapitel* 4	Wettbewerbsstrategien formulieren → *Kapitel 3.5*	Implementierung → *Kapitel* 4	
7.	Steuerung und Kontrolle → *Kapitel* 5		Steuerung und Kontrolle → *Kapitel* 5			

Tabelle 1: Verschiedene Vorgehensweisen zur strategischen Planung in der Literatur

[56] Hofmann führt dies in Anlehnung an (Ward, et al., 2002) aus.

So unterschiedlich die Vorschläge der Autoren in Tabelle 1 auf den ersten Blick auch wirken mögen, so ist dennoch ein gemeinsamer Grundtenor in allen Vorgehensweisen erkennbar. Nach detaillierter Gegenüberstellung der einzelnen Schritte und dem Abgleich der intendierten Ziele konnte eine überraschende Feststellung gemacht werden: Alle vorgeschlagenen Schritte lassen sich zumindest ansatzweise einem einheitlichen Ansatz zuordnen. Zu diesem Schluss kommt auch Spengler in seinen Untersuchungen zum Strategieprozess, den er in die Phasen Analyse und Zielbildung, Maßnahmenformulierung und Umsetzung sowie Kontrolle aufteilt.[57] Bei den hier vorliegenden, untersuchten Vorgehensweisen mussten keine wesentlichen Schritte ausgespart werden. Um diese Gemeinsamkeiten besser hervorzuheben wurde jedem der Schritte in Tabelle 1 ein Verweis auf das korrespondierende Kapitel des Buches beigefügt. Lediglich die Reihenfolge, in der die Autoren die Schritte vorschlagen, unterscheidet sich teilweise bedeutend voneinander. Daher wurde diese bei der Synthese des Strategieprozesses aus der Häufigkeit der jeweiligen Erstnennung abgeleitet. In Abbildung 7 ist der daraus resultierende Prozess der strategischen und organisatorischen Neuausrichtung im Überblick grafisch dargestellt.

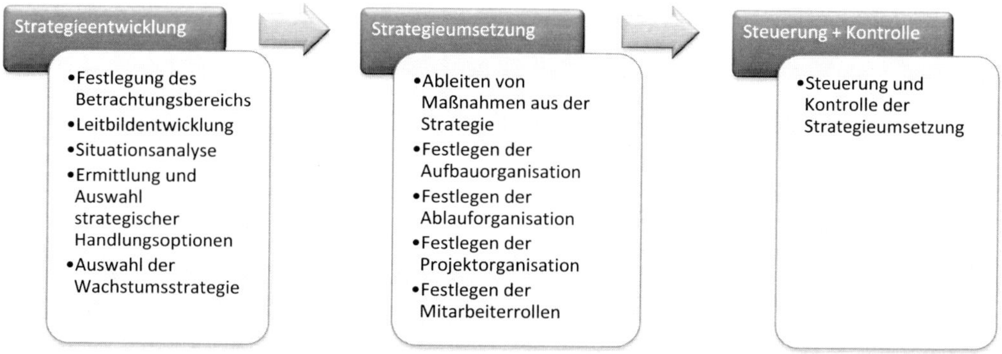

Abbildung 7: Prozess der strategischen und organisatorischen Neuausrichtung der BU Software Development

Der Prozess der Strategiefindung bzw. -entwicklung ist trotz der in obiger Abbildung dargestellten und in diesem Buch umgesetzten Vorgehensweise nicht linear. In der betrieblichen Realität zeigt sich ein Phänomen, welches Mintzberg als „*Emerging Strategy*"[58] bezeichnet.

---

[57] Vgl. (Spengler, 2009 S. 42 ff.).

[58] Vgl. (Mintzberg, et al., 2003) und (Mintzberg, 1987a), auch zitiert von (Grant, 2005 S. 24 ff.).

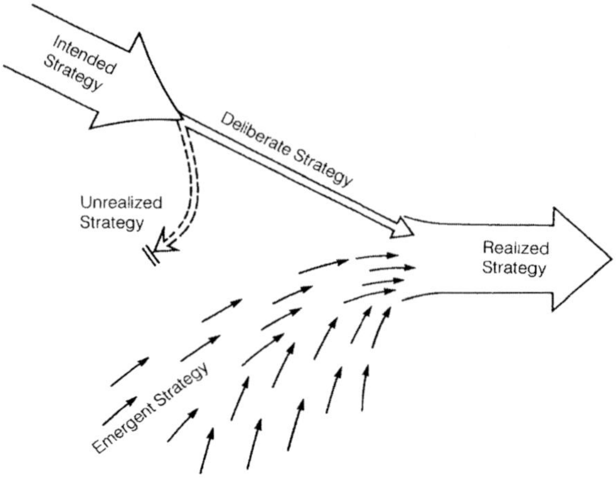

Abbildung 8: Deliberate and Emergent Strategies[59]

Ursächlich verantwortlich für diese „Emerging Strategy" ist der Einfluß, den die laufende Geschäftstätigkeit inklusive aller am Markt auftretender Effekte, somit der internen wie externen Einflüsse, auf die geplante Strategie („Intended Strategy") hat. Nach Mintzberg darf sich eine Strategie, die erfolgreich sein soll, diesen Einflüssen nicht verschließen, sondern muss diese in einem fortwährenden Prozess in die ursprüngliche Strategie aufnehmen. Mintzberg hat darüber hinaus in seinen Untersuchungen festgestellt, dass die effektivsten Strategien diejenigen waren, die eine durchdachte Aufstellung und Leitung mit Flexibilität und organisationellem Lernen kombinierten und dadurch Freiräume für Anpassungen zugelassen haben.[60]

Diese Effekte treten jedoch erst ein, wenn eine initiale Strategie entwickelt und aufgesetzt wurde und zeigen sich dann im Unterschied „Intended" zu „Realized Strategy". Im Hinblick auf die vorliegende Ausarbeitung werden diese Einflüsse nur indirekt berücksichtigt, da hier einerseits eine Neuausrichtung eines Unternehmens und andererseits die Findung einer initialen Strategie sowie einer möglichen Implementierung vorgenommen werden soll. Da es sich aber nicht um eine komplett neue Unternehmung, sondern um eine Neuorientierung derselben auf Basis bereits gemachter Erfahrungen handelt, soll die folgende von Mintzberg angeführte Erkenntnis des „strategischen Lernens" bei der Erstellung des Buches nicht unberücksichtigt bleiben, wenngleich auch der Fokus auf der Erstellung einer „Intended Strategy" sowie deren Erst-Implementierung liegt:

> *"In practice, of course, all strategy making walks on two feet, one deliberate, the other emergent. [...] Pushed to the limit, neither approach makes much sense. [...] No organization*

[59] Entnommen aus (Mintzberg, 1987b S. 14).

[60] Vgl. (Mintzberg, 1987a S. 70 f.).

[...] knows enough to work everything out in advance, to ignore learning en route. [...] Thus deliberate and emergent strategy form the end points of a continuum along which the strategies that are crafted in the real world may be found."[61]

Auch nach Ansicht von Grant ist ein rationaler, geplanter Strategieentwicklungsprozess durchaus kombinierbar mit einem iterativen, versuchsbasierten Ansatz. Kritische Punkte sind allerdings die Balance zwischen Design und Evolution ebenso wie die Frage der Begleitung des Evolutionsprozesses.[62]

---

[61] (Mintzberg, 1987a S. 69).

[62] Vgl. (Grant, 2005 S. 25 f.).

3 Strategieentwicklung

3.1 Betrachtungsbereich

Abhängig davon, ob die zu entwickelnde Strategie für das gesamte Unternehmen oder für eine der BUs gelten soll, muss zu Beginn des Strategieentwicklungsprozesses der Betrachtungsbereich festgelegt werden.[63] Obwohl dies für das vorliegende Buch bereits definiert ist,[64] wird im Folgenden noch kurz erläutert, auf welcher Grundlage eine Aufteilung in strategische Geschäftsbereiche erfolgt. Bei den verwendeten Begriffen Sparte, Geschäftseinheit/-bereich und Geschäftsfeld ist zu beachten, dass diese in der Literatur oft synonym verwendet werden.[65]

Mittlere und größere Unternehmen haben in der Regel eine Unternehmensstrategie und mehrere Geschäftsfeldstrategien. Beide Strategieebenen werden, obwohl eng miteinander verbunden, getrennt dargestellt, um die jeweiligen Führungsaufgaben deutlich zu machen.[66] Nach Bühner erfolgt die Definition strategischer Geschäftsfelder auf Basis zweier sich gegenseitig nicht ausschließenden Konzepte entweder durch Abgrenzung des Marktes und Finden von Produkt-Markt-Kombinationen[67], welche dann in Form von relativ homogenen Produkt-Markt-Aktivitäten zu strategischen Geschäftseinheiten zusammengefasst werden. Oder, wie im vorliegenden Fall der cellent AG, zur Sicherung künftiger Wettbewerbsvorteile durch Bildung strategischer Geschäftseinheiten, welche Kernfähigkeiten und Kernprodukte[68] zusammenfassen.[69] Die Untergliederung ist sinnvoll und notwendig, da die Geschäftseinheiten besser in der Lage sind, sich an ihrem jeweiligen Markt auszurichten und flexibler agieren können, als es bei zentraler Steuerung möglich wäre.[70] Strategische Geschäftseinheiten

- sind durch eine spezifische Marktaufgabe gekennzeichnet
- haben Kontrolle über die Schlüsselfunktionen der Wertschöpfungskette
- weisen dadurch eine hohe Eigenständigkeit auf
- liefern einen Beitrag zum Erfolgspotenzial der Unternehmung
- können nachhaltige Wettbewerbsvorteile durch klare Kernkompetenzen erreichen
- können über eine eigene Strategie verfügen.[71]

---

[63] Vgl. (Hofmann, 2010 S. 27), (Nicolai, 2009 S. 138), sowie (Hungenberg, 2004 S. 416).

[64] Festgelegt durch die Themenstellung. Siehe hierzu auch die Ausführungen in Kapitel 1.4.

[65] Vgl. (Henzler, 1988), zitiert nach (Winkelmann, 2010 S. 69). Beim Studium der in Fußnoten 69, 71 und 72 aufgeführten Literatur ist dies deutlich zu beobachten.

[66] Vgl. (Wüthrich, et al., 2000 S. 9 f.).

[67] Vgl. (Gabler, 1988 S. 1784).

[68] Vgl. (Prahalad, et al., 1990), sowie (Prahalad, et al., 1989).

[69] Vgl. (Bühner, 2004 S. 208 ff.).

[70] Vgl. (Bühner, 2004 S. 181), sowie (Haller, 2010 S. 70).

[71] Vgl. (Haller, 2010 S. 55), (Nicolai, 2009 S. 139), (Wittmann, et al., 2008 S. 89), (Fischermanns, 2008 S. 63), (Hungenberg, 2004 S. 419 ff.) sowie (Wüthrich, et al., 2000 S. 15).

Abgegrenzt werden die Geschäftseinheiten beispielsweise über Branchen, Funktionen, Unternehmensgröße, Problemart, Produkt(gruppe), räumliche Marktabdeckung oder verwendete Technologie.[72]

Im Rahmen der Themenstellung dieses Buches konzentrieren sich die folgenden Kapitel auf die strategische Geschäftseinheit Software Development, wie sie sich aus Abbildung 2 erschließen lässt.

3.2 Leitbildentwicklung

3.2.1 Begriffsdefinition

Das Leitbild enthält die Unternehmensgrundsätze und ein Wertesystem an denen sich das Handeln und die längerfristige Planung ausrichten soll,[73] wodurch Mitarbeitern und externen Anspruchsgruppen eine klare Orientierung ermöglicht wird. Es setzt damit den Rahmen für die Definition der Unternehmensziele.[74] Anders ausgedrückt beinhaltet das Leitbild in kurzer und prägnanter Formulierung die strategischen Ziele (Vision), den Auftrag (Mission) und die wesentlichen Orientierungen für die Art und Weise ihrer Umsetzung (Kernwerte).[75] In der Praxis stellt das Leitbild oft eine Zusammenfassung bzw. Mischung von Mission und Vision dar.[76] Bei der Erstellung muss aufgrund des einschränkenden Charakters des Leitbildes sichergestellt werden, dass es zur Unternehmensrealität passt, mit den langfristigen Unternehmenszielen vereinbar ist und die zur Umsetzung notwendigen Maßnahmen auch dessen Linie verfolgen.[77]

3.2.2 Vision

Die Vision soll eine Vorstellung davon vermitteln, wie das Unternehmen in Zukunft aussehen soll. Sie gibt Ziele vor, die einerseits nur sehr langfristig zu erreichen sind, aber andererseits nicht als unrealistisch oder unerreichbar angesehen werden dürfen, ebenso sollten qualitative wie quantitative Elemente in ihr enthalten sein.[78] Zumeist werden einer Vision drei Funktionen zugewiesen:[79]

---

[72] Vgl. (Haller, 2010 S. 55 f.), (Sattler, 2003 S. 162), sowie (Fischermanns, 2008 S. 64).

[73] Vgl. (Fischermanns, 2008 S. 60).

[74] Vgl. (Hofmann, 2010 S. 32).

[75] Vgl. (Bleicher, 1994 S. 25 ff.), (Hill, et al., 2009 S. 14 ff.), sowie (Weiand, 2008 S. 10).

[76] Vgl. (Simon, et al., 2002 S. 15 f.), (Hofmann, 2010 S. 31), sowie (Hungenberg, et al., 2007 S. 65). Auf die teilweise synonyme Verwendung der Begriffe Leitbild, Vision, Mission, (Kern-)Werte in der Literatur sei hiermit verwiesen; siehe hierzu auch die Ausführungen in (Giesel, 2007 S. 101-108).

[77] Vgl. (Baier, 2008 S. 377).

[78] Vgl. (Kerth, et al., 2008 S. 217), (Hill, et al., 2009 S. 14), sowie (Simon, et al., 2002 S. 15).

[79] Vgl. (Bleicher, 1994 S. 102 f.), auch zitiert in (Hungenberg, 2004 S. 412 f.).

- **Identitätsfunktion**: Schaffung eines einzigartigen und unverwechselbaren Zukunftsbilds des Unternehmens.
- **Identifikationsfunktion**: Aufzeigen des tieferen Sinnes und Nutzens der Arbeit und damit verbunden eine leichtere Identifikation der Mitarbeiter mit dem Unternehmen.
- **Mobilisierungsfunktion**: Anregung für die Mitarbeiter, das angestrebte Zukunftsbild als gemeinsames Ziel zu verfolgen.

Collins und Porras haben in diesem Zusammenhang den Begriff des „BHAG", des „Big, Hairy, Audacious Goal"[80], geprägt:

> "*A true BHAG is clear and compelling, serves as unifying focal point of effort, and acts as a clear catalyst for team spirit. It has a clear finish line, so the organization can know when it has achieved the goal; people like to shoot for finish lines.*"[81]

Wie in Abbildung 9 ersichtlich kann die Vision entweder aus einer Innen- oder einer Außenperspektive hergeleitet werden und sich dann bspw. auch an Konkurrenten orientieren. Die Ausrichtung ist jedoch klar nach innen gerichtet, als Identitätsgeber für das Unternehmen und seine Mitarbeiter.[82]

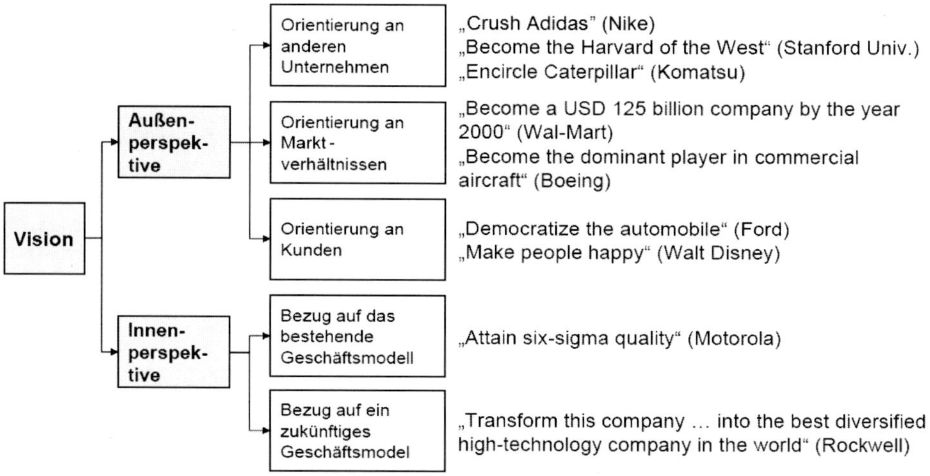

Abbildung 9: Visionen können nach innen oder außen orientiert sein[83]

Da die Vision Geltungscharakter für das gesamte Unternehmen hat und mit der Initiative ONEcellent ein Zusammenwachsen der Unternehmensteile angestrebt wird, wäre es kontraproduktiv

[80] Wörtlich übersetzt: „Großes, haariges, kühnes Ziel". Eine einheitliche deutsche Übersetzung ist nicht zu finden.
[81] (Collins, et al., 1996 S. 73).
[82] Vgl. (Fischermanns, 2008 S. 60), sowie (Hungenberg, 2004 S. 413 f.).
[83] Entnommen aus (Hungenberg, 2004 S. 413).

wenn für die BU Software Development eine separate Vision aufgestellt werden würde. Aus diesem Grund ist in Abbildung 10 die Vision der cellent AG abgebildet, welche in dieser Form auch für die BU SD übernommen wird.

> „Wir wollen in den nächsten 5 Jahren zu den Top 10 IT-Dienstleistern in Deutschland gehören, gemessen an der Lünendonk-Studie."

Abbildung 10: Vision der cellent AG, festgelegt durch den Vorstand[84]

3.2.3 Kernwerte

Die Kernwerte bzw. der Handlungsgrundsatz beschreiben die Verhaltensgrundsätze für die Mitarbeiter des Unternehmens.[85] Der Geltungsbereich ist dabei nicht nur auf das Innenverhältnis beschränkt, also zwischen den Mitarbeitern im Unternehmen, sondern erstreckt sich auch auf das Außenverhältnis für die Interaktion mit externen Gruppen. Die Kernwerte bilden sich aus Verhaltensnormen und zentralen Werten, an die das Unternehmen glaubt.[86] Die Kernwerte geben Antwort auf die folgenden Leitfragen:

- *„Was ist das Selbstverständnis?*
- *Welche Wertvorstellungen vertritt das Unternehmen?*
- *Was sind die zentralen Unternehmenswerte?*
- *Welche Eigenschaften zeichnen das Unternehmen und die Produkte aus?*"[87]

Mit den Kernwerten verhält es sich wie mit der Vision: Sie müssen, um gelebt werden zu können, zumindest im Grundsatz für das gesamte Unternehmen gelten und für jeden Mitarbeiter verbindlich sein, sonst ist eine Identifikationsfunktion nicht gegeben. Deshalb werden auch die Kernwerte der cellent AG (vgl. Abbildung 11) für die BU SD übernommen.

[84] Zitat Herrn Schweglers, Vorstand der cellent AG, anlässlich seiner Rede zur Vorstellung des „ONEcellent"-Konzepts bei der Konzernversammlung am 26.10.2010 im Forum der LBBW Stuttgart.

[85] Vgl. (Hill, et al., 2009 S. 14 f.).

[86] Vgl. (Kerth, et al., 2008 S. 218).

[87] (Kerth, et al., 2008 S. 219).

- Vertrauen
  Wir streben nach partnerschaftlichen Geschäftsbeziehungen und überzeugen durch Leistung und Resultate.
- Verantwortung
  Wir übernehmen Verantwortung um einen Beitrag zur positiven Entwicklung unserer Kunden und Mitarbeiter zu leisten.
- Engagement
  Wir engagieren uns für unsere Kunden und schaffen kreative Lösungen mit dem Anspruch eines nachweislichen Mehrwerts.
- Loyalität
  Wir bieten Orientierung und Sicherheit mit einem klaren Werteverständnis und verbinden unser Handeln mit dem Ziel, langfristige Beziehungen zu entwickeln.

Abbildung 11: Kernwerte der cellent AG[88]

3.2.4 Mission

Hill sieht in der Mission die Verbindung zwischen der Unternehmensvision und der Art und Weise, wie die Erreichung derselben durch den Geschäftsbereich unterstützt werden soll. Sie fokussiert auf die zu befriedigenden Kundenbedürfnisse, nicht auf Produkte. Grundsätzlich sieht er die Mission als Antwort auf die Frage „Was ist unser Geschäft?" an, die er in die folgenden drei Dimensionen aufteilt:[89]

- Auf *wen* zielt das Angebot ab?
- *Welche Bedürfnisse* werden befriedigt?
- *Wie* werden diese Bedürfnisse befriedigt?

Während die Vision nach innen gerichtet ist, ist die Mission nach außen gerichtet und soll die Kompetenz der Marke vermitteln.[90] Ausgehend von der Mission werden die langfristigen Ziele abgeleitet, welche wiederum die Maßstäbe definieren, anhand derer später die Leistung des Unternehmens bzw. des Geschäftsbereichs beurteilt wird.[91]

Zusammen mit dem Geschäftsbereichsleiter Thomas Schwarz wurde ausgehend von der Unternehmensvision und unter Berücksichtigung der Kernwerte folgendes Mission-Statement ausgearbeitet:

> „Wir lösen die Probleme unserer Kunden durch den professionellen Einsatz modernster Programmiersprachen, effizienter Tools und innovativer Vorgehensmodelle. Unsere skalierbaren, zukunftsfähigen Lösungen orientieren sich dabei an den Standards, die unsere Partner in der Industrie setzen und bieten maximalen Mehrwert bei minimalen Kosten. Im Ergebnis

---

[88] Vgl. (cellent AG, 2009).
[89] Vgl. (Hill, et al., 2009 S. 14), sowie (Hungenberg, 2004 S. 414 f.).
[90] Vgl. (Fischermanns, 2008 S. 60).
[91] Vgl. (Hungenberg, 2004 S. 415).

sind wir unseren Kunden und Partnern langfristig ein wertvoller Berater sowie Lösungsanbieter und werden dadurch im Vergleich zu den anderen Geschäftsbereichen überdurchschnittlich zu unserem Unternehmenserfolg beitragen."

3.3 Situationsanalyse

Um eine Entscheidungsgrundlage bilden zu können, steht am Anfang der Strategieentwicklung die Analyse der Ist-Situation der Unternehmung, aufgegliedert in die Betrachtung der internen und externen Umwelt.[92] Der Fokus liegt dabei auf den Stärken und Schwächen. Zur Analyse steht eine Vielzahl unterschiedlicher Instrumente zur Verfügung, wobei es sich meist um klassische Tools des strategischen Managements handelt, da diese i. d. R. den Managern bekannt sind und von diesen verstanden werden.[93] Anhand der Ergebnisse der Ist-Analyse erfolgt dann die Aufstellung der strategischen Ziele des Unternehmens.

3.3.1 Analyse der internen Ressourcen

3.3.1.1 Auszug verfügbarer Methoden

In den letzten Jahrzehnten wurden unterschiedliche Strategieinstrumente geschaffen um dem Management abhängig von der jeweiligen Unternehmenssituation Werkzeuge zur Hand zu geben, die helfen die individuelle Situation bestmöglich zu erfassen.

So ist die statische ABC-Analyse ein wertvolles Instrument, um beispielsweise bei einem produzierenden Unternehmen Produkte entsprechend ihrem Ergebnisbeitrag zu kategorisieren.[94] Aufbauend auf der Pareto-Regel[95] beruht das Vorgehen darauf, dass meist ein relativ kleiner Teil der Produkte einen Großteil zum Umsatz beiträgt. Entsprechend diesem Umsatz- oder Deckungsbeitrag werden die Produkte dann in eine der Kategorien A, B oder C eingeordnet.[96] Bei der Entscheidungsfindung zum Aufbau der drei neu geschaffenen Marktbereiche der cellent AG[97] ist vermutlich die ABC-Analyse zur Anwendung gekommen, da die Segmentierung einer klassischen A, B, C Aufteilung entspricht, deren Fokussierung auf den A-Kunden liegt. Bei diesen Großkunden wiegt der Ansatz einer langfristigen Kundenbindung erheblich mehr, da größere Auftragsvolumina möglich sind und die Wahrscheinlichkeit für Nachbeauftragungen größer ist als bei kleineren Firmen, welche in der neuen Struktur auch mit weniger betreuendem Personal auskommen müssen.

---

[92] Vgl. (Haller, 2010 S. 56), (Baier, 2008 S. 393), sowie (Kerth, et al., 2008 S. 14).

[93] Vgl. (Ward, et al., 2002 S. 274).

[94] Vgl. (Froböse, et al., 2000 S. 201 f.).

[95] Benannt nach dem italienischen Mathematiker Vilfredo Pareto, der erkannt hatte, dass 20% der Erdbevölkerung mehr als 80% des gesamten Vermögens besaßen. Siehe hierzu auch (Wüthrich, et al., 2000 S. 4).

[96] Vgl. (Wüthrich, et al., 2000 S. 4).

[97] Siehe hierzu die Ausführungen zur ONEcellent-Struktur in Kapitel 1.4.

Da jedoch für das Ableiten solider Aussagen nachvollziehbare Wert-, Mengen- und Verbrauchseinheiten so geführt werden müssen, dass sie miteinander verrechnet werden können,[98] ist die ABC-Analyse in Bezug auf den eingangs des Kapitels gewählten Betrachtungsbereich des Geschäftsbereichs Software Development schlecht anwendbar, da sich die Dienstleistungen der Anwendungsentwicklung in dieser Form nicht quantifizieren lassen.

Weitere verfügbare Methoden sind beispielsweise das Marktanteils-/Marktwachstums-Portfolio[99] (sog. BCG-Matrix) oder die Lebenszyklusanalyse[100] nach Arthur D. Little. Auch diese beiden Methoden sind für eine Ist-Analyse unpassend, da die BU SD keine Produkte entwickelt, sondern Dienstleistung in Form von Softwareentwicklung erbringt.

Besser zum Charakter der Dienstleistung passt hingegen das Konzept der Erfahrungskurvenanalyse, welche besagt, dass in Abhängigkeit von Verfahrensverbesserungen, Betriebsgrößeneffekten und individuellem Lernen die der Wertschöpfung unterliegenden Kosten bei Verdoppelung der kumulierten Produktionsmenge um 5-30% sinken.[101] Diese Rationalisierungspotenziale können jedoch nur bei der Herstellung gleichartiger Stücke realisiert werden. Da im Rahmen der Softwareentwicklung keine gleichartigen Stücke hergestellt werden und die Kunden der cellent AG immer ein hohes Maß an Erfahrung (=dem Ergebnis des Lernens) bereits voraussetzen, scheitert auch diese Analysemethode an den Gegebenheiten des Geschäftsbereichs.

3.3.1.2 Auswahl und Anwendung einer geeigneten Methode

Keine der bisher vorgestellten Methoden konnte die speziellen Anforderungen erfüllen, die das Dienstleistungsgeschäft in Kombination mit der Softwareentwicklung mit sich bringt. Hier kommt eine historische Entwicklung zu Hilfe: Etwa seit den 1990er Jahren ist eine weitere Verschärfung des Wettbewerbs durch die Globalisierung der Absatz- und Beschaffungsmärkte entstanden, was zur Jahrtausendwende bei den Unternehmen in einer Konzentration auf Kernkompetenzen resultierte.[102] Die darauf aufbauende Kernkompetenzanalyse ist genau das Mittel, um Antworten auf folgende Leitfragen zu finden:[103]

- Welche Fähigkeiten sind verantwortlich für den Erfolg der Vergangenheit?
- Welche dieser Fähigkeiten können ausgebaut werden, um auch in Zukunft erfolgreich zu sein?

Unter einer Kernkompetenz versteht Hinterhuber die integrierte Gesamtheit von dynamischen Fähigkeiten, Ressourcen, Prozessen, Technologien und Einstellungen, die den Wertsteigerungs-

---

[98] Vgl. (Kerth, et al., 2008 S. 3 ff.).

[99] Siehe hierzu (Wittmann, et al., 2008 S. 53 f.), (Sattler, 2003 S. 160 ff.), (Wüthrich, et al., 2000 S. 2 f.) und (Hofmann, 2010 S. 35 ff.).

[100] Siehe hierzu (Wittmann, et al., 2008 S. 55 f.), (Sattler, 2003 S. 170) und (Froböse, et al., 2000 S. 202 f.).

[101] Vgl. (Sattler, 2003 S. 157), (Simon, et al., 2002 S. 232 ff.), sowie (Wüthrich, et al., 2000 S. 5).

[102] Vgl. (Sattler, 2003 S. 153).

[103] Vgl. (Kerth, et al., 2008 S. 50).

prozess des Unternehmens in Gang halten[104] – nach Sattler ist dies auch der Teil der Wertschöpfung, den das Unternehmen am besten kann.[105] Sie besteht aus mehreren Fähigkeiten, die einzigartig und unternehmensspezifisch miteinander kombiniert werden.[106] Die Grundkonzepte gehen dabei auf Prahalad und Hamel zurück, die in den 1990er Jahren den Erfolg führender Unternehmen untersuchten und auf die Nutzung von Kernkompetenzen zurückführten. Um eine Kernkompetenz als solche identifizieren zu können, gibt es wenigstens drei mögliche Tests:[107]

1. Eine Kernkompetenz ermöglicht potenziellen Zugang zu einer Vielzahl von Märkten,
2. sie steuert einen signifikanten Beitrag zum wahrgenommenen Kundennutzen des Endprodukts bei,
3. sie ist für Wettbewerber schwer zu imitieren.

Simon fasst diese Kriterien in dem erweiterten VRIO-Schema zusammen. Das Kunstwort VRIO steht hierbei für:[108]

- *Value*: Ergibt sich für das Unternehmen aus dem Vorhandensein der Kompetenzen ein Wettbewerbsvorteil?
- ***R**areness*: Sind die Kompetenzen „rar", und wenn ja, kann daraus ein Vorsprung gegenüber dem Wettbewerb erzielt werden?
- ***I**mitability*: Wie aufwändig ist es für Wettbewerber, die Kompetenzen nachzubilden oder zu erwerben?
- ***O**rganization*: Ist die Organisation in der Lage, diese Kompetenzen weiterzuentwickeln und zu halten?

Die genannten Prüfkriterien vermitteln jedoch eine trügerische Objektivität. Es darf nicht vergessen werden, dass diese Kompetenzen nahezu ausschließlich in den Köpfen der Mitarbeiter stecken,[109] damit ein immaterielles Gut darstellen, was wiederum Probleme bei der Messbarkeit hervorruft.[110] Dies tritt bei weniger personalintensiven Leistungen in weit geringerem Maße auf.[111] Die Untersuchungen von Prahalad und Hamel ergaben weiter, dass es unwahrscheinlich ist in mehr als fünf oder sechs fundamentalen Kompetenzen weltweit führend zu sein.[112] Weitere Vor- und Nachteile der Kernkompetenzanalyse sind in Tabelle 2 aufgelistet.

---

[104] Vgl. (Hinterhuber, 2004 S. 22).

[105] Vgl. (Sattler, 2003 S. 153).

[106] Vgl. (Fischermanns, 2008 S. 76 f.).

[107] Vgl. (Prahalad, et al., 1990 S. 7), sowie (Hinterhuber, 2004 S. 210).

[108] Vgl. (Simon, et al., 2002 S. 56 f.). Siehe auch (Kerth, et al., 2008 S. 50).

[109] Simon merkt hierzu an: „*All learning takes place inside individual human heads; an organization learns in only two ways: (a) by the learning of its members, or (b) by ingesting new members who have knowledge the organization didn't previously have.*" (1991 S. 125).

[110] Vgl. (Fitzek, 2002 S. 34).

[111] Vgl. (Simon, et al., 2002 S. 54).

[112] Vgl. (Prahalad, et al., 1990 S. 7).

Vorteile	Nachteile
- Ursprünge für strategische Wettbewerbsvorteile werden entdeckt und können gezielt gepflegt werden - Fokussierter Aufbau des weiteren Erfolgs möglich - Übertragen der Kernkompetenzen auf neue Märkte und Produkte möglich, dadurch Nutzen bereits vorhandener Stärken - Konzentration auf die Wettbewerbsvorteile und Stärken	- Entdecken der Kernkompetenzen gestaltet sich sehr aufwändig - Kernkompetenzen sind oftmals nur im Nachhinein beobachtbar - Kernkompetenzen müssen aufwändig gepflegt werden

Tabelle 2: Vor- und Nachteile der Kernkompetenzanalyse[113]

Um die Kernkompetenzen der BU Software Development zu identifizieren, wird auf die von Klein und Hiscocks entwickelte, anwendungsorientierte Skill-Cluster-Analyse zurückgegriffen.[114] Die Skill-Cluster-Analyse ist eine quantitative Analyse, welche Aufschluss gibt über Konzentration und Intensität des Zusammenwirkens von Fähigkeiten[115] im Rahmen der Produkt- und Serviceerstellung eines Unternehmens.[116] Ausgangspunkt für die Analyse ist eine Liste der als relevant angesehenen Unternehmenskompetenzen der BU Software Development, die gemeinsam mit dem Geschäftsbereichsleiter Thomas Schwarz identifiziert wurden. Diese werden nun systematisch in einer Matrix aufgelistet, wie im Anhang A.1 in Tabelle A2 dargestellt. Anschließend werden diese Kompetenzen miteinander kombiniert und der jeweilige Skill-Cluster-Index errechnet. Dieser stellt fest, wie häufig diese Kompetenzen in den vergangenen, erfolgreichen Projekten bei der Leistungserbringung zum Einsatz gekommen sind.[117] Die Formel zur Berechnung lautet dabei folgendermaßen: [118]

$$\text{Skill Cluster Index } I_{ij} = \frac{Anzahl\ der\ Projekte, bei\ denen\ Skills\ i\ und\ j\ eingesetzt\ wurden}{Gesamtzahl\ aller\ Projekte}$$

Da es nicht zweckmäßig ist, die komplette Projekthistorie der cellent AG auszuwerten, wurde als Bewertungsgrundlage eine Auswahl aus den Projekten der letzten drei Jahre gebildet, die einen unterschiedlichen Branchenhintergrund, eine Mindestdauer von drei Monaten sowie einen er-

[113] Entnommen aus (Kerth, et al., 2008 S. 56).

[114] Siehe hierzu (Klein, et al., 1994).

[115] Auf die Problematik der Abgrenzung von Skills, Fähigkeiten und Kompetenzen wird an dieser Stelle nicht eingegangen, zumal aus einer Unterscheidung dieser Begriffe keine weiteren Vorteile für die Anwendung der hier verwendeten Verfahren resultieren. Sie sollten daher im Rahmen dieses Buches als synonym angesehen werden. Vgl. hierzu auch (Fitzek, 2002 S. 47).

[116] Vgl. (von den Eichen, 2004 S. 180).

[117] Vgl. (Simon, et al., 2002 S. 55 f.).

[118] Folgende Formel in Anlehnung an (Kerth, et al., 2008 S. 52).

folgreichen Abschluss vorweisen konnten. Die Projektliste ist im Anhang A.1 unter Tabelle A1 zu finden.

Im nächsten Schritt wird diese Matrix nach der Häufigkeit des Einsatzes der Kompetenzen sortiert, wie in Tabelle 3 dargestellt. Es zeigt sich, dass vor allem die in der BU Software Development vorhandenen Skills *Beratungskompetenz*, *spezielles Branchenwissen*, *Integrationskompetenz*, *umfassendes Technologiespektrum* (bilden zusammen Cluster 1) sowie *hoher Ausbildungsstand* und *langjährige Projekterfahrung* (Cluster 2) in den geprüften Projekten von besonderer Relevanz sind und häufig miteinander kombiniert werden. Offensichtlich sind diese beiden Skill-Cluster von enormer Bedeutung für die BU. Dies lässt den Schluss zu, dass es sich hierbei in der Kombination um Kernkompetenzen handelt.[119]

Räumliche Nähe zum Kunden	30											
Full-Service-Anbieter (i. V. m. den anderen BUs)	20	50										
Strategisches Partnermangement	10	50	70									
Hohe Ausführungsqualität durch QMSystem	10	30	10	30								
Hohe Aufwands-, Termin- und Budgettreue	10	10	10	40	40							
Spezielle Expertisen (Mobile-/Cloud-Entwicklung, etc.)	10	70	70	30	40	20						
Hoher Ausbildungsstand (SAP, JAVA, .NET, etc.)	20	30	10	10	40	30	90					
Langjährige Projekterfahrung in SW-Entwicklung	20	20	30	20	30	20	80	100				
Umfassendes Technologiespektrum	10	20	70	40	30	80	50	30	80			
Integrationskompetenz (EAI)	20	50	70	40	40	80	50	40	70	70		
Spezielles Branchenwissen	30	30	20	40	10	10	70	70	80	80	90	
Beratungskompetenz	10	40	70	80	20	80	70	80	70	80	80	80
	Räumliche Nähe zum Kunden	Full-Service-Anbieter (i. V. m. den anderen BUs)	Strategisches Partnermangement	Hohe Ausführungsqualität durch QMSystem	Hohe Aufwands-, Termin- und Budgettreue	Spezielle Expertisen (Mobile-/Cloud-Entw., etc.)	Hoher Ausbildungsstand (SAP, JAVA, .NET, etc.)	Langjährige Projekterfahrung in SW-Entwicklung	Umfassendes Technologiespektrum	Integrationskompetenz (EAI)	Spezielles Branchenwissen	Beratungskompetenz

Cluster 2 · Cluster 1

Legende: 100-80% · 70-50% · 40-10%

Tabelle 3: Ergebnismatrix der quantitativen Analyse

[119] Vgl. (Kerth, et al., 2008 S. 52), (Simon, et al., 2002 S. 56) sowie (Klein, et al., 1994).

An diese quantitative Analyse schließt sich eine qualitative Überprüfung an. Diese kann entweder anhand der bereits vorgestellten VRIO-Kriterien erfolgen, um Aufschluss darüber zu bekommen, ob es sich bereits um Kernkompetenzen handelt.[120] Oder, weil aussagekräftiger und vor allem auch in Bezug auf den für eine nachhaltige Entwicklung der BU zwingend erforderlichen weiteren Aufbau der Kernkompetenzen nützlich, per Skill-Mapping[121]. Hierbei werden die Kompetenzen im Konkurrenzvergleich und auch im Hinblick auf die Marktrelevanz beurteilt und in einer Matrix eingetragen, wie in Tabelle 4 abgebildet. Grundlage für die Bewertung bildet Tabelle A3 im Anhang A.1, in welcher sich auch detaillierte Erläuterungen zu den einzelnen Bewertungspunkten finden. Die Zuordnung der Werte zu den Kompetenzen erfolgte im Dialog mit dem Geschäftsbereichsleiter der BU Software Development, Thomas Schwarz, und findet sich im gleichen Anhang in Tabelle A4.

Entwicklung der Kompetenz / Marktrelevanz	**Stufe 1: Nur in Ansätzen erkennbar**	**Stufe 2: Unterhalb des Marktstandards**	**Stufe 3: Auf Marktstandard**	**Stufe 4: Überlegenheit im Wettbewerb**	**Stufe 5: Weithin überragend**
niedrig 1				Umfassendes Technologiespektrum	
mittel 2				Langjährige Projekterfahrung in SW-Entwicklung	
hoch 3			Hoher Ausbildungsstand (SAP, JAVA, .NET, etc.)		Integrationskompetenz (EAI), Spezielles Branchenwissen, Beratungskompetenz

Tabelle 4: Skill-Mapping-Matrix mit den aus der Skill-Cluster-Analyse ermittelten Kernkompetenzen[122]

Durch mittiges Auftrennen der beiden Achsen der Skill-Mapping-Matrix erhält man ein Kompetenzportfolio, welches die Identifikation aller kritischen und strategischen Kompetenzen ermöglicht, wie in Abbildung 12 dargestellt.

[120] Vgl. (Zerres, et al., 2006 S. 65).

[121] Zum Verfahren des Skill-Mapping vgl. (Klein, et al., 1994 S. 193 ff.).

[122] Eigene Arbeit in Anlehnung an (Kerth, et al., 2008 S. 55) und (Simon, et al., 2002 S. 57).

Abbildung 12: Kompetenzportfolio[123]

Hieraus wird deutlich, dass die in Cluster 1 enthaltenen Skills strategische Kompetenzen darstellen, die unbedingt erhalten bzw. weiterentwickelt werden müssen.

3.3.2 Analyse Umfeld und Wettbewerb

3.3.2.1 Auszug verfügbarer Methoden

Auch zur Analyse der externen Marktkräfte steht eine Vielzahl unterschiedlicher Methoden zur Verfügung, die in Abhängigkeit vom Betrachtungsbereich mal besser, mal schlechter auf den Untersuchungsgegenstand des vorliegenden Buchs passen. Ein Vorgehen, auf welches man bei diesbezüglichen Recherchen sehr häufig stößt, ist die PESTEL-Analyse. Das Akronym steht hierbei für die englischen Begriffe ***P**olitical*, ***E**conomic*, ***S**ocio-cultural*, ***T**echnological*, ***En**vironmental* und ***L**egal*. Johnson und Scholes beschreiben sie als ein Framework zur Identifikation zukünftiger, makroökonomischer Trends in den aufgeführten Bereichen, die mehr oder weniger alle Organisationen betreffen.[124] Für die Umfeld-/Wettbewerbsanalyse der BU Software Development ist PESTEL als Analysetool jedoch nicht geeignet, da die einzelnen Bereiche (politisch, ökonomisch, etc.) zu unspezifisch für die Aufstellung bzw. die von der BU angebotenen, spezifischen Leistungen sind. Es ist zu erwarten, dass die Inputdaten für die Analyse kaum wesentliche Unterscheidungsmerkmale im Vergleich Gesamtunternehmen vs. BU aufweisen werden, da aufgrund der sehr breit gefassten Analysebasis die Business Unit zwangsweise im Kon-

---

[123] Entnommen aus (Fitzek, 2002 S. 49). Siehe hierzu auch die Interpretation der Quadranten in (Hinterhuber, 2004 S. 127 ff.).

[124] Vgl. (Johnson, et al., 2008 S. 54 ff.), auch zitiert von (Hofmann, 2010 S. 44 f.) sowie (Wittmann, et al., 2008 S. 24), tlw. auch in verkürzter Form „PEST“ wie in (Kerth, et al., 2008 S. 117 ff.).

text des Gesamtunternehmens betrachtet wird.[125] Als Folge ist zu erwarten, dass die Ergebnisse der Analyse nahezu identisch sind, egal ob diese für die Gesamtunternehmung oder nur für die BU durchgeführt wird. Ein derartiges Ergebnis ist jedoch für die Feststellung der strategischen Ausgangsbasis speziell der BU SD nicht brauchbar. Berücksichtigt man diese Umstände, ist eine Umweltanalyse, die im Modell von Johnson und Scholes (vgl. Abbildung 13) in tieferen Schichten ansetzt, besser geeignet.

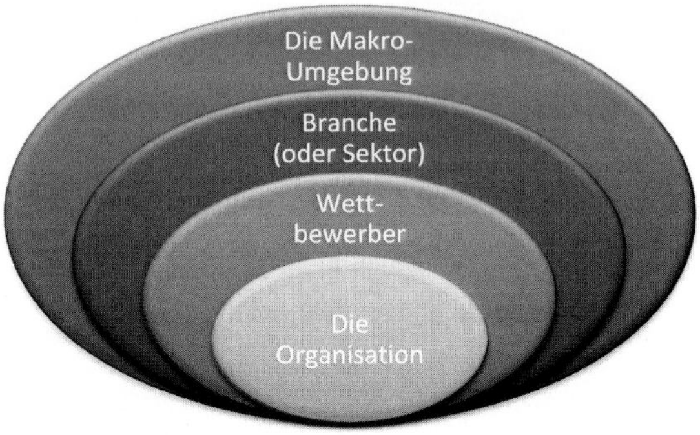

Abbildung 13: Ebenen des Unternehmensumfeldes[126]

Diese Forderung erfüllt bspw. Porters Wettbewerbs-Analyse, da diese auf konkrete Wettbewerber mit vergleichbarem Portfolio im selben Marktumfeld abzielt.[127] Damit ist ein klarer Bezug zum Leistungsangebot der BU SD gegeben und vor dem Hintergrund der Ist-Analyse ein besserer Vergleich möglich. Im ersten Schritt wird hierbei versucht, gegenwärtige und potentielle Konkurrenten zu identifizieren, mit denen man im Wettbewerb steht bzw. zukünftig stehen wird. Anschließend wird für jeden dieser Wettbewerber ein Reaktionsprofil erstellt, welches die in Abbildung 14 dargestellten vier Dimensionen *Ziele für die Zukunft, Annahmen, gegenwärtige Strategie* und *Fähigkeiten* erfasst.

---

[125] Johnson/Scholes beschreiben PESTEL als Tool zur Analyse des *„highest-level layer [of the business environment]"* (Johnson, et al., 2008 S. 54).

[126] Eigene Arbeit in Anlehnung an (Johnson, et al., 2008 S. 54).

[127] Vgl. (Porter, 1980 S. 47 ff.).

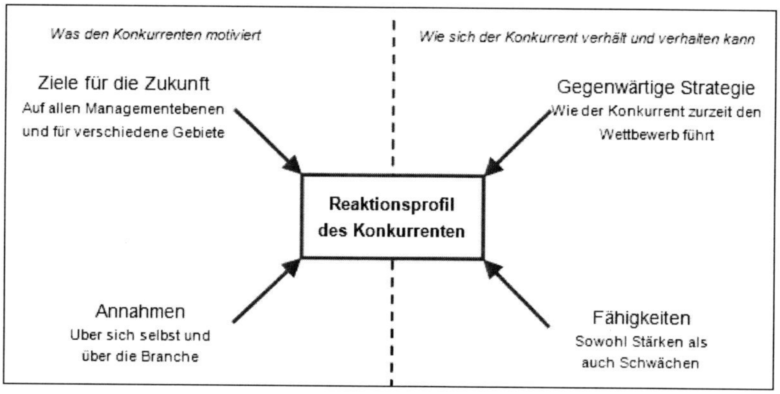

Abbildung 14: Elemente der Konkurrenzanalyse[128]

Die daraus gewonnen Erkenntnisse dienen als wichtige Grundlage bei der Entwicklung eigener Strategien und sind zur Sicherung langfristiger Wettbewerbsvorteile zu berücksichtigen.[129] Nachteile dieser Analysemethode sind:

- es wird immer nur ein Ausschnitt der Wettbewerber erfasst,
- die Korrektheit und Verlässlichkeit der Daten ist nicht immer gegeben,
- die Methode ist für detaillierte Einblicke sehr aufwändig,
- Standardaussagen sind als Ergebnis aufgrund des Interpretationsspielraums der strategischen Zukunft der Wettbewerber nicht möglich.[130]

Am schwersten wiegt jedoch, dass die Konkurrenzanalyse alleine nicht ausreichend ist; um ein schlüssiges Bild zu bekommen, muss sie bspw. noch um ein Benchmarking ergänzt werden um die Konkurrenz verlässlich einschätzen zu können. Darüber hinaus werden große Bereiche der Umwelt nicht erfasst, wie z. B. Kunden, Partner, mögliche Substitute.

3.3.2.2 Auswahl und Anwendung einer geeigneten Methode

Um nun doch noch mit vertretbarem Zeit- und Arbeitsaufwand eine vernünftige Umweltanalyse zu erhalten, bietet sich Porters Branchenstrukturanalyse an. Bereits eine grobe Analyse unter Zuhilfenahme sowohl interner als auch externer Experten ermöglicht sehr schnell einen kompetenten Einblick.[131] Auf Grundlage der fünf entscheidenden Wettbewerbskräfte einer Branche (vgl. Abbildung 15) wird deren Attraktivität und damit die langfristige potentielle Profitabilität

[128] Eigene Arbeit in Anlehnung an (Porter, 1980 S. 49).

[129] Vgl. (Kerth, et al., 2008 S. 133).

[130] Vgl. (Kerth, et al., 2008 S. 141).

[131] Vgl. (Kerth, et al., 2008 S. 171).

eines Unternehmens bewertet.[132] Die wesentliche Botschaft ist hierbei, dass Branchen, in denen alle diese fünf Kräfte stark sind, für den Wettbewerb nicht attraktiv sind.[133]

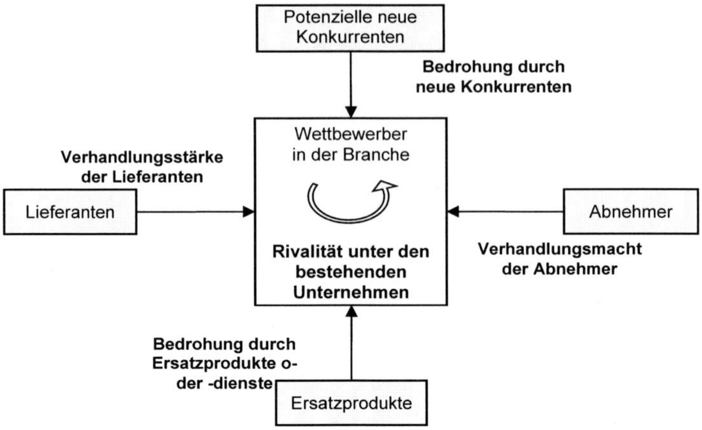

Abbildung 15: Die fünf Triebkräfte des Wettbewerbs[134]

Sie bietet damit die Vorteile bspw. der Konkurrenzanalyse durch Berücksichtigung gleichartiger bzw. gleich aufgestellter Konkurrenten, vermeidet jedoch deren Nachteile wie die zu starke Fokussierung nur auf Wettbewerber. Treffenderweise findet sie sich in Johnson und Scholes Ebenenmodell des Unternehmensumfeldes (vgl. Abbildung 13) auch genau zwischen den bereits betrachteten Ebenen, in der Schicht „Branche (oder Sektor)" und ergibt somit einen idealen Kompromiss zwischen den beiden anderen Ansätzen.[135] Darüber hinaus können die Ergebnisse der Branchenstrukturanalyse als Umweltanalyse in eine SWOT-Analyse[136] einfließen, hier als die aus der externen Umwelt auf die Unternehmung einwirkenden Kräfte.[137]

Im ersten Schritt der Analyse wird die Branchenstruktur entsprechend Abbildung 15 ermittelt. Bezogen auf Softwareentwicklungsdienstleistungen stellt sich die Wettbewerbsdynamik gemäß Tabelle 5 dar.

---

[132] Vgl. (Porter, 1979) und (Porter, 1980 S. 3 ff.), auch zitiert von (Simon, et al., 2002 S. 190), (Johnson, et al., 2008 S. 59 ff.), (Kerth, et al., 2008 S. 168 ff.), (Haller, 2010 S. 58), (Hofmann, 2010 S. 46 f.), (Harvard Business School, 2006 S. 38 f.), (Burnes, 2009 S. 284 ff.), (Hinterhuber, 2004 S. 118), (Hungenberg, 2004 S. 99 ff.) sowie (Wittmann, et al., 2008 S. 27 ff.).

[133] Vgl. (Johnson, et al., 2008 S. 60).

[134] Eigene Arbeit in Anlehnung an (Porter, 1980 S. 4).

[135] Siehe hierzu auch (Baier, 2008 S. 395): „*Eine bekannte Methode der Umweltanalyse ist die von Porter entwickelte Umfeldanalyse auf Geschäftseinheitsebene*".

[136] Erläuterung und Darstellung der SWOT-Analyse folgt in Kapitel 3.4.

[137] Vgl. (Kerth, et al., 2008 S. 174), sowie (Hofmann, 2010 S. 53).

Wettbewerbsdimension	Ausprägung der Branche in Bezug auf die Softwareentwicklung
Potenzielle neue Konkurrenten	- Ausländische Konkurrenz (z. B. ATOS Origin) - Ausgegliederte IT-Abteilungen großer Unternehmen
Wettbewerber in der Branche	- Kleine Software-Schmieden (Startups/KMU-Bereich) - Branchen-spezialisierte Anbieter von Software-Dienstleistungen - Lokale Anbieter mit besseren Kundenzugängen - Zusammenschlüsse von starken Konkurrenten
Ersatzprodukte	- Standardlösungen - Produkte von Komponenten-Herstellern (z. B. Infragistics, DevExpress) - Generative Programmierung (z. B. Code-Generierung auf Basis UML) - Billiganbieter (z. B. aus dem aufsteigenden osteuropäischen Markt oder Indien) - Cloud Computing (durch die damit angebotenen, standardisierten SW-Services/-Pakete)[138]
Lieferanten	- Vorwärtsintegration z. B. von Hardware-Herstellern im Maschinenbau - Ausstieg eines großen Partners (z. B. Microsoft/SAP) - Ende einer Produktlinie eines Lieferanten (z. B. .NET-Framework)
Abnehmer	- Lieferantenkonsolidierung - Rückwärtsintegration, bspw. Gründung von SW-Entwicklungs-abteilungen eigener Kunden

Tabelle 5: Wettbewerbsdynamik bezogen auf Softwareentwicklung (Auswahl)

Im nächsten Schritt erfolgt die Analyse der Branchenattraktivität,[139] welche wieder zusammen mit dem Geschäftsbereichsleiter SD durchgeführt wurde, unter Zuhilfenahme aktueller Brancheninformationen u. a. des vom Zentrum für Europäische Wirtschaftsforschung herausgegebenen Branchenreports[140] und einer Studie des Fraunhofer Instituts für System- und Innovationsforschung[141]. Die Analyse selbst ist im Anhang A.3 in Tabelle A5 zu finden.

Aus der Analyse der Branchenstruktur ergibt sich, dass sich die cellent AG im Umfeld der Softwareentwicklungsbranche heftigstem Wettbewerb ausgesetzt sieht. Gründe hierfür sind geringe Eintrittsbarrieren, relativ niedrige Austrittsbarrieren und eine hohe Anzahl gleichartiger Mitbewerber bei gleichzeitig geringen Differenzierungsmöglichkeiten. Zusätzlich trägt die hohe

---

[138] Vgl. (Magel, 2009).

[139] Ausführliche Erläuterung zum Vorgehen in (Porter, 1980 S. 4 ff.).

[140] Vgl. (ZEW, 2010).

[141] Vgl. (Leimbach, 2010).

Markttransparenz in Verbindung mit geringen Umstellungskosten der Abnehmer zu einer hohen Volatilität des bestehenden Geschäftes bei. Auch die Fokussierung auf zwar große, aber auch wenige starke Lieferanten (Microsoft, SAP) stellt aufgrund der daraus resultierenden Abhängigkeit ein Risiko dar, vor allem auch deshalb, weil hier eine reale Bedrohung durch teilweise bereits stattgefundene Vorwärtsintegration in Form von direkt angebotenen Consulting- und Softwareentwicklungsdienstleistungen existiert. Wie aus den Branchenreports hervorgeht, sieht sich die Branche seitens der Abnehmer weiterhin einem Konsolidierungsdruck ausgesetzt, der in der Folge zu einer weiteren Aufspaltung der Wettbewerber in Erstlieferanten und von diesen abhängige Subunternehmer führen wird. Der Verlust einer Erstlieferantenposition, wie sie die cellent AG aktuell bei mehreren großen Konzernen innehat, hätte immense negative Auswirkungen auf die Rentabilität und stellt somit ein großes Risiko dar.

Die Branche bietet jedoch auch Chancen, welche vor allem in den vergleichsweise stabilen, attraktiven Wachstumsraten liegen, die selbst in der Krise nicht negativ wurden. Die geringen Umstellungskosten der Abnehmer bieten die Möglichkeit höhere Marktanteile zu erzielen, wenn man in der Lage ist, zu den Wettbewerbern klare Differenzierungsmerkmale herauszuarbeiten. Zusätzlich ermöglicht dies, die eigenen Dienstleistungen zu einem höheren Preis anzubieten und damit eine höhere Marge zu erzielen. Darüber hinaus bietet auch die latente Abhängigkeit der Zulieferer/Partner von der eigenen Branche eine Gelegenheit, die eigene Wettbewerbsposition auszubauen, wenn es gelingt die Zulieferer/Partner zu binden beziehungsweise von sich zu überzeugen um eine stärkere Unterstützung und/oder eine Berücksichtigung bei deren Kundenprojekten zu erfahren. Dies kann in der Folge zu klarer Differenzierung vom Wettbewerb, höherer Auslastung und/oder größerer Unabhängigkeit von eigenen Kunden führen.

3.4 Ermittlung und Auswahl strategischer Handlungsoptionen

Strategisch sinnvolle Handlungsoptionen leiten sich aus den festgestellten Stärken und Schwächen der internen und den Chancen und Risiken der externen Unternehmensanalyse ab.[142] Um aus diesen vier Dimensionen Schlussfolgerungen ziehen zu können, eignet sich die SWOT-Analyse am besten. SWOT ist ein Akronym dessen Anfangsbuchstaben stehen für:[143]

- ***S**trengths*
- ***W**eaknesses*
- ***O**pportunities*
- ***T**hreats.*

[142] Vgl. (Johnson, et al., 2008 S. 119), sowie (Haller, 2010 S. 59 f.).

[143] Vgl. (Kerth, et al., 2008 S. 179).

Sie ist leicht zu verstehen, einfach anzuwenden und auch bei Veränderungen der Eingabedaten schnell anzupassen.[144] Darüber hinaus hat sie den Vorteil, dass sie die internen und externen Sichtweisen gleichzeitig berücksichtigt[145] und dabei jeweils verschiedenste Input-Quellen als Datenbasis verwendet werden können (vgl. Abbildung 16).

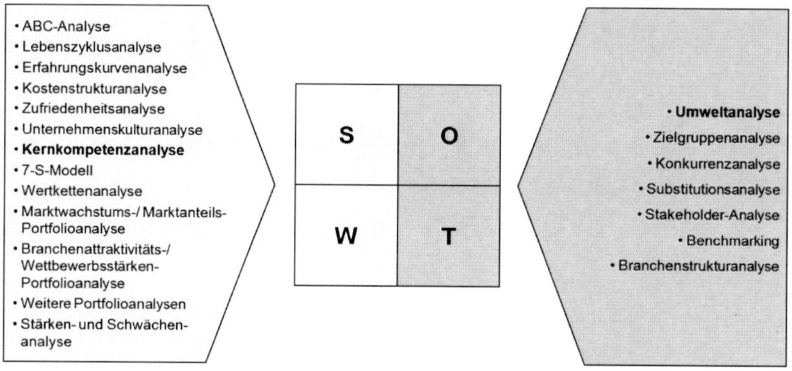

Abbildung 16: Mögliche Input-Quellen für die SWOT-Analyse[146]

Die für die SWOT-Analyse verwendeten Daten stammen aus den in den vorherigen Kapiteln durchgeführten Analysen, wurden jedoch gemeinsam mit dem Geschäftsbereichsleiter SD um Faktoren ergänzt, die sich aus der praktischen Geschäftstätigkeit ergeben. Die dadurch breitere Datenbasis erlaubt es, bei der Auswertung präzisere Schlüsse zu ziehen.[147] Anzumerken ist, dass dies ebenso durch die Anwendung weiterer, aus Abbildung 16 hervorgehender, jedoch zeitaufwändiger Analysen möglich ist.

Das kombinierte Portfolio der BU SD ist in den vier SWOT-Quadranten der Tabelle 6 dargestellt.

---

[144] Vgl. (Fischermanns, 2008 S. 123).

[145] Vgl. (Kotler, et al., 2006 S. 52 ff.), sowie (Simon, et al., 2002 S. 214).

[146] Entnommen aus (Kerth, et al., 2008 S. 181). Fett markiert die in dieser Ausarbeitung verwendeten Analysen.

[147] Wie Kerth (2008 S. 180) mehrfach anmerkt ist die Verwendung von Erfahrungswissen der Mitarbeiter durchaus eine übliche Vorgehensweise um zwar oberflächliche, aber valide Eingabedaten für eine SWOT-Analyse zu ermitteln.

ID	Strengths (Stärken)	ID	Opportunities (Chancen)
S1	Beratungskompetenz	O1	Geringe Umstellungskosten der Abnehmer
S2	Spezielles Branchenwissen	O2	Abhängigkeit der Lieferanten/Partner
S3	Integrationskompetenz (EAI)	O3	Attraktive, stabile Wachstumsraten
S4	Umfassendes Technologiespektrum		
ID	**Weaknesses (Schwächen)**	**ID**	**Threats (Risiken)**
W1	Mangel an Personal	T1	Konsolidierungsdruck der Abnehmer
W2	Technische Kompetenz der Mitarbeiter	T2	Volatilität der bestehenden Kundenbeziehungen
W3	Kein einheitlicher Marktauftritt	T3	Vorwärtsintegration der Lieferanten/Partner
W4	Eigenes Leistungsportfolio in den anderen Bereichen tlw. unbekannt	T4	Hoher Wettbewerbsdruck bei geringer Differenzierungsmöglichkeit

Tabelle 6: SWOT-Portfolio des Geschäftsbereichs SD

Das resultierende Portfolio dient nun dazu, die Situation der Geschäftseinheit zu visualisieren.[148] Da die SWOT-Analyse ein zentrales Konzept zur Strategiefindung darstellt, kann sie als Ausgangspunkt für die Entwicklung der Geschäftsstrategie dienen.[149] Unterstützt wird dies durch die Möglichkeit, aus den vier SWOT-Portfolioquadranten sogenannte Normstrategien abzuleiten.[150]

	Chancen (Opportunities)	Risiken (Threats)
Stärken (Strengths)	**SO-Strategien** **Stärken anwenden, um Chancen zu nutzen**	**ST-Strategien** **Stärken anwenden, um Risiken zu mindern**
Schwächen (Weaknesses)	**WO-Strategien** **Schwächen abbauen, um Chancen zu nutzen**	**WT-Strategien** **Schwächen abbauen, um Risiken zu mindern**

Abbildung 17: SWOT-Normstrategien

Die mit Hilfe des in Abbildung 17 dargestellten Verfahrens abgeleiteten Normstrategien sind dabei nicht als konkrete Strategieanweisungen zu verstehen. Sie sind vielmehr individuelle Stoßrichtungen, die dem Entscheider eine Auswahl möglicher, auf den individuellen Fall hin zu konkretisierender und anschließend zu operationalisierender Handlungsoptionen bieten. Bei der Ableitung dieser Stoßrichtungen ist es empfehlenswert, sich auf die „Stärken" und „Schwächen" zu konzentrieren, da diese über entsprechende Maßnahmen beeinflussbar sind – die in den „Chancen" und „Risiken" abgebildeten unternehmensexternen Bedingungen jedoch nur sehr bedingt.[151]

---

148 Vgl. (Haller, 2010 S. 61).

149 Vgl. (Simon, et al., 2002 S. 214), (Haller, 2010 S. 61), sowie (Hofmann, 2010 S. 53).

150 Vgl. (Kerth, et al., 2008 S. 225 ff.), sowie (Simon, et al., 2002 S. 220 f.).

151 Vgl. (Kerth, et al., 2008 S. 225 ff.).

Angewendet auf das erarbeitete SWOT-Portfolio in Tabelle 6 lassen sich unterschiedliche strategische Handlungsoptionen ableiten, wobei nur die als zentral angesehenen Punkte der vier Kategorien miteinander kombiniert werden.[152]

So steht der Nutzung der Chancen „Geringe Umstellungskosten der Abnehmer" (O1) und „Attraktive, stabile Wachstumsraten" (O3) in obigen Quadranten die Schwäche „Mangel an Personal" (W1) entgegen. Hierbei handelt es sich um eine WO-Normstrategie, aus welcher sich folgende strategische Handlungsoption ableiten lässt: **Gewinnung personeller Stärke**.

Mit der Stärke „Beratungskompetenz" (S1) lässt sich das Risiko „Hoher Wettbewerbsdruck bei geringer Differenzierungsmöglichkeit" (T4) ausgleichen, jedoch nur wenn es gelingt, diese Stärke als Differenzierungsmerkmal zu den Kunden transportieren zu können. Die aus dieser ST-Normstrategie abgeleitete strategische Handlungsoption heißt daher: **Herausarbeiten von Differenzierungsmerkmalen**. Mit dieser Handlungsoption wäre es zusätzlich möglich, eine SO-Normstrategie abzubilden, wobei die Stärke S1 verwendet wird um die Chance O1 nutzen zu können.

Weiter zeigt die Anwendung der WT-Normstrategie auf, dass die Schwäche „Technische Kompetenz der Mitarbeiter" (W2) abgebaut werden muss, um das Risiko T4 zu reduzieren. Die daraus abgeleitete strategische Handlungsoption heißt: **Konzentrierter, gezielter Aufbau von Kompetenz**.

Unabhängig von der SWOT-Analyse wurde bereits mehrfach der bei den Kunden derzeit vorhandene Trend zur Lieferantenkonsolidierung angesprochen, welcher sich in dem Risiko T1 („Konsolidierungsdruck der Abnehmer") widerspiegelt. Um dieser Bedrohung zu begegnen bieten sich im Kontext dieses Buches eine WT- und zwei ST-Normstrategien an. Zum einen sollte die Schwäche W4 abgebaut, zum anderen die Stärken S4 („Umfassendes Technologiespektrum") und S2 („spezielles Branchenwissen") genutzt werden, um dem Konsolidierungsdruck zu entgehen beziehungsweise diesem entgegenzuwirken. Auf Basis dieser Normstrategien lässt sich eine gemeinsame strategische Handlungsoption ableiten: **Heben des Cross-Selling-Potenzials der anderen Leistungsbereiche**.

Die unter Zuhilfenahme der SWOT-Analyse abgeleitete Bereichsstrategie lautet also:

- Gewinnung personeller Stärke
- Konzentrierter, gezielter Aufbau von Kompetenz
- Herausarbeiten von Differenzierungsmerkmalen
- Heben des Cross-Selling-Potenzials der anderen Leistungsbereiche.

[152] Vgl. (Kerth, et al., 2008 S. 228).

3.5 Auswahl der Wachstumsstrategie

Um die erarbeitete Strategie in konkrete Maßnahmen umwandeln zu können, muss im Vorfeld definiert werden, unter welchen Rahmenbedingungen diese im Markt positioniert werden sollen. Hierzu ist es erforderlich, eine Wachstumsstrategie herzuleiten die den Handlungsrahmen für die Maßnahmen vorgibt. Da die der Wachstumsstrategie zugrundeliegende Marktstrategie nicht der Kern dieses Fachbuches ist, jedoch im Zusammenhang mit der Realisierung der Strategie als unerlässliche Komponente betrachtet wird, erfolgt hier nur eine oberflächliche Darstellung. Wie im Folgenden nun dargestellt, eröffnen sich für eine Marktstrategie unterschiedliche Wege.

Eine Produkt-/Marktanalyse nach Ansoff unterstützt beispielsweise beim Entwurf einer Produkt-/Marktstrategie, die bei der Ausrichtung der Maßnahmen zur Umsetzung der Strategie hilfreich ist. Ergebnis dieser Analyse könnte sein, dass versucht wird mittels der festgestellten Stärken eine **höhere Marktdurchdringung** zu erzielen.[153] Dies könnte erreicht werden, indem die Bestandskunden der bisher selbständig in ihren jeweiligen anderen technologischen / geschäftsfeldspezifischen Nischen (SAP/Managed Services/Infrastructure Solutions) operierenden Niederlassungen mit dem Leistungsportfolio der BU SD angegangen werden. Notwendigerweise muss dann auch eine **technologische Fokussierung** stattfinden (bspw. Java/.NET), um die aus Sicht der BU SD neu zu erschließenden Kunden von entsprechend vorhandener Kompetenz überzeugen zu können. Die beschriebenen Maßnahmen sind aber Teil der operativen Umsetzung und sollen hier nicht näher beleuchtet werden.

Weitaus zielführender als die Produkt-/Marktanalyse, die eine Marktfeld-Strategie als Ergebnis hat, ist jedoch im vorliegenden Fall die Antwort auf die Fragestellung, wie sich die BU SD im vorhandenen Markt aufstellen sollte. Hierzu leistet die Marktpositionierung nach Treacy und Wiersema sehr gute Dienste.[154] Sie bietet **drei Nutzenstrategien** (Kostenführerschaft, Produktführerschaft, Kundenpartnerschaft) an, deren zentrales Argument die konkurrenzlose Befriedigung nur eines Kundennutzens ist, um durch dessen (Über-)Erfüllung ein kontinuierliches Steigern der Kundenerwartung zu erzeugen, was dem Marktführer entgegenkommt, da nur er dies erfüllen kann.[155] Betrachtet man die festgestellten Stärken der BU SD[156], kommt man schnell zu dem Schluss, dass eine **Kostenführerschaft** aufgrund des resultierenden Preiskampfes und der damit verbundenen schwindenden Marge keine Option ist. Dies gilt in ähnlicher Weise für die **Produktführerschaft**, da die BU SD – wie bereits mehrfach erwähnt – keine Produkte herstellt und es darüber hinaus nicht zielführend ist, immer nur mit der innovativsten Dienstleistung an die bestehende, langjährige Klientel heranzutreten. Genau diese Kunden können jedoch mit der dritten Nutzenstrategie, der **Marktführerschaft durch Kundenpartnerschaft**, angegangen

[153] Vgl. (Ansoff, 1965 S. 130 ff.).

[154] Vgl. (Treacy, et al., 1993).

[155] Vgl. (Kerth, et al., 2008 S. 207 f.).

[156] Vgl. die in Kapitel 3.3.1 festgestellten Kernkompetenzen. Sattler (2003 S. 184 f.) stellt darüber hinaus explizit den Bezug zwischen Kernkompetenzen und der Marktfeldpositionierung nach Treacy und Wiersema dar.

werden. Die festgestellten Kernkompetenzen führen in Ergänzung mit obiger Marktstrategie zur „perfekten Wachstumsstrategie“: Enge Kundenbindung, in den jeweiligen Bereichen gestützt auf klar definierte Kompetenzen. Simon beispielsweise sieht in seinen Ausführungen zur Kernkompetenzanalyse bereits vor, spezifische Kompetenzen je nach Untersuchungszweck hinsichtlich weiterer Dimensionen zu unterscheiden. „*Bezug zu einzelnen Kunden*“ ist eine davon, welche sich dadurch charakterisiert, dass spezielle Kompetenzen zur Bedienung bestimmter Nachfrager notwendig sein können. Als Beispiel führt er einen Unternehmensberater an, der seinen Kunden über einen längeren Zeitraum immer wieder betreut, dadurch einen vertieften Einblick in dessen Struktur hat und ihn deshalb individueller beraten kann.[157]

Auf Basis dieser Wachstumsstrategie lassen sich auch die Wettbewerbsvorteile formulieren:

- Die Branche des Kunden ist bekannt
- Die Prozesse des Kunden sind nicht fremd
  - ➢ dadurch kürzere Einarbeitungszeit und höhere Produktivität
- Bekannte Unternehmenskultur und bekannte Ansprechpartner
  - ➢ somit geringerer Abstimmungsaufwand
- Jahrelange, erfolgreiche Zusammenarbeit
  - ➢ im Zuge dessen weniger Risiko durch vorhandene Vertrauensbasis

Darüber hinaus bietet die cellent AG

- jahrzehntelange, intensive Partnerschaft zu Branchengrößen wie Microsoft und SAP, welche eine priorisierte Wahrnehmung, direkte Supportzugänge und damit eine effizientere Umsetzung von Projekten ermöglicht sowie
- unmittelbare Nähe zu den Kunden durch neun Standorte in Deutschland, Österreich und der Schweiz.

Diese Vorteile sind den Kunden einfach darstellbar, leicht kommunizierbar und schaffen einen vom Preis der Dienstleistung weitgehend unabhängigen, erkennbaren sowie nachvollziehbaren Mehrwert. Dies ermöglicht es der cellent AG, sich vom Wettbewerb zu distanzieren, wie in Abbildung 18 dargestellt. Weiterhin kann diese Strategie nicht kurzfristig imitiert werden, da hierzu langjährige, erfolgreiche Kundenbeziehungen notwendig sind. Dies stellt in Verbindung mit der Tatsache, dass bei den Bestandskunden die cellent AG die von potentiellen Wettbewerbern angestrebte Position bereits besetzt, eine hohe Eintrittsbarriere für mögliche Konkurrenten dar. Dies gilt, solange die cellent AG in der Lage ist, den für Kunden aus der langfristigen Beziehung abgeleiteten Mehrwert darzustellen. Weitere Vorteile ergeben sich durch die breite Branchenstreuung, da hierdurch die Erschließung neuer Kunden in bereits erschlossenen Branchen einfacher ist.

---

[157] Vgl. (Simon, et al., 2002 S. 53 f.).

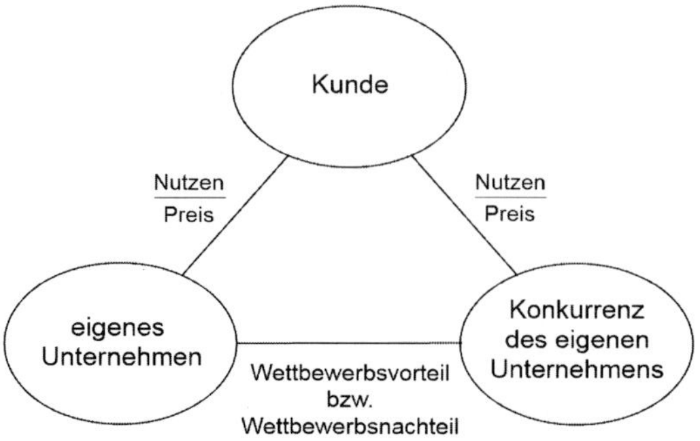

Abbildung 18: Das strategische Dreieck[158]

Nachteile der Strategie langfristiger Kundenbeziehung sind vermutlich höhere Eintrittsbarrieren in fremde Branchen, da hier überproportionaler Aufwand für die Einarbeitung der Mitarbeiter entsteht und Reibungsverluste aufgrund unbekannter Strukturen und Ansprechpartner entstehen können. Deshalb müssen vermutlich niedrigere Preise angesetzt werden um als Außenseiter für Aufträge überhaupt in Betracht gezogen zu werden, was wiederum bei Bekanntwerden in der Stammkundschaft zu Preisverfall und schlimmstenfalls einem Verlust der dortigen Marktposition führen kann.

Um nicht Porters „Stuck in the middle"-Phänomen[159] zu erliegen, muss eine klare Fokussierung auf qualitativ höchstwertige Leistungserbringung und entsprechende Resultate zu einem dafür durchsetzbaren, vor allem höheren Preis verfolgt werden. Um sich hierbei vom Niedrigpreis-Wettbewerb abzuheben, muss die Betonung auf der qualitativen Seite der Dienstleistung erfolgen, unter Einbeziehung bereits genannter Vorteile.

Der Umfang der angestrebten Kundenpartnerschaft sollte jedoch eingegrenzt werden. Hierzu bietet sich das „**Delta-Modell**" von Hax an.[160] Hax definiert drei mögliche Stufen des Wettbewerbs und der daraus folgenden Kundenbindung, wie in Abbildung 19 ersichtlich. Dabei bietet die Strategie „**Best Product**" die geringste Kundenbindung aufgrund der Fokussierung auf das Produkt selbst, und ausgedrückt in der Strategie „**System Lock-In**" die maximale Bindung. Erstere läuft entweder wieder auf Preiskampf oder auf spezifische Produkt-/Dienstleistungsmerkmale hinaus, letztere auf eine erforderliche Marktmacht, beides Strategien für die die BU SD nicht die notwendigen Voraussetzungen bietet. Übrig bleibt somit die Kundenbindung auf Basis „**Total Customer Solution**", welche jedem Kunden individuell den ma-

---

[158] Entnommen aus (Sattler, 2003 S. 180). Siehe hierzu auch (Ohmae, 1982 S. 91 ff.), sowie (Wittmann, et al., 2008 S. 51 ff.).

[159] Vgl. (Porter, 1980 S. 41 ff.).

[160] Vgl. (Hax, et al., 2001). Siehe hierzu auch (o.V., 2011).

ximalen Nutzen verspricht.[161] Dies muss dann aufbau- und ablauforganisatorisch unterstützt werden.

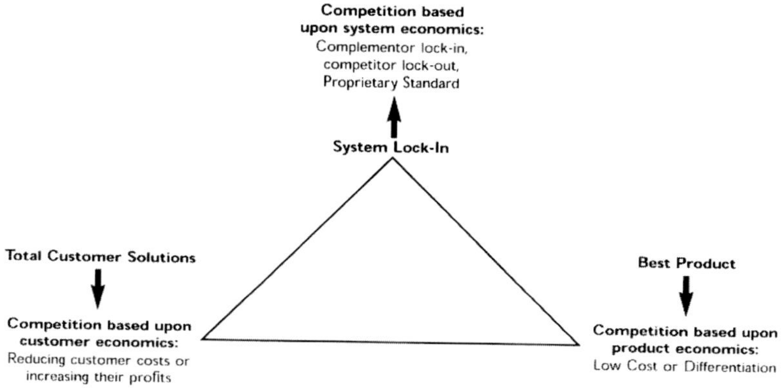

Abbildung 19: Drei unterschiedliche strategische Optionen[162]

Die Voraussetzungen für den Erfolg dieser Wachstumsstrategie fassen Treacy und Wiersema in folgendem Zitat zusammen:

> *„Deep customer Knowledge and breakthrough insights about the client's underlying processes are the backbone of every customer-intimate organization today. [...] without the complete alignment of product development, manufacturing, administrative functions, and senior management, one can't achieve a total solution for customers."*[163]

---

[161] Vgl. (Wittmann, et al., 2008 S. 46 f.).

[162] Entnommen aus (Hax, et al., 2001 S. 31).

[163] (Treacy, et al., 1997 S. 132).

4 Strategieumsetzung

4.1 Vorgehensweise

Es ist eine klassische Erkenntnis der Betriebswirtschaftslehre, dass Strategien und Strukturen in einem engen Zusammenhang stehen.[164] Dies wurde erstmals von Chandler in dem Grundsatz „*structure follows strategy*" zum Ausdruck gebracht, welcher auf der Beobachtung aufbaut, dass Veränderungen von Unternehmensstrategien mit Anpassungen an den Organisationsstrukturen einher gingen.[165] Um im vorliegenden Fall der cellent AG diesen Grundsatz mit Leben zu füllen, sind Antworten auf zwei Fragen zu finden:[166]

1. Welche Anforderungen stellt die Strategie an die Organisationsgestaltung?
2. Mit welchen Maßnahmen können diese Anforderungen erfüllt werden?

Die Umsetzung einer neuen Bereichsstrategie und das Erreichen der damit verbundenen Ziele erfordert eine andere als die bisherige Positionierung des Unternehmens. Eine andere Positionierung wiederum braucht nach Porter bspw. auch eine andere Produktkonfiguration, anderes Equipment, anderes Verhalten der Mitarbeiter, andere Skills und auch andere Managementsysteme.[167] Diese späteren Phasen des Strategieprozesses werden jedoch häufig nicht als integrale Bestandteile der strategischen Planung angesehen und liegen deshalb oft nicht mehr in der Verantwortung des Top-Managements. Dies stellt somit die größte Hürde bei der strategischen und operativen Neupositionierung eines Unternehmens dar.[168] Daher verwundert es auch nicht, dass sich im Rahmen einer Umfrage gezeigt hat, dass das größte Verbesserungspotenzial in der Umsetzungsphase realisiert werden kann, wie Abbildung 20 eindrucksvoll aufzeigt.[169] Aus diesem Grund muss der Umsetzung der Strategie mindestens genauso viel Aufmerksamkeit geschenkt werden, wie der Entwicklung derselben.

Daher werden als wichtigster Schritt in Kapitel 4.2 zunächst die Maßnahmen genauer beschrieben, die sich aus der Strategie ableiten lassen. Daraufhin wird unter Kapitel 4.3 die zu deren Umsetzung notwendige aufbauorganisatorische Grundstruktur des Geschäftsbereichs SD festgelegt, der dann unter Kapitel 4.4 die Definition der Ablauforganisation folgt. Abgerundet wird die empfohlene Strategieumsetzung anschließend mit der Festlegung der Projektorganisation in Kapitel 4.5 und der Mitarbeiterrollen in Kapitel 4.6.

---

[164] Vgl. (Hungenberg, 2004 S. 297).
[165] Vgl. (Chandler, 1975).
[166] Vgl. (Von der Strategie zur Struktur, 2002).
[167] Vgl. (Porter, 1996 S. 69).
[168] Vgl. (Huber, 2006 S. 47).
[169] Vgl. (Huber, 2006 S. 48).

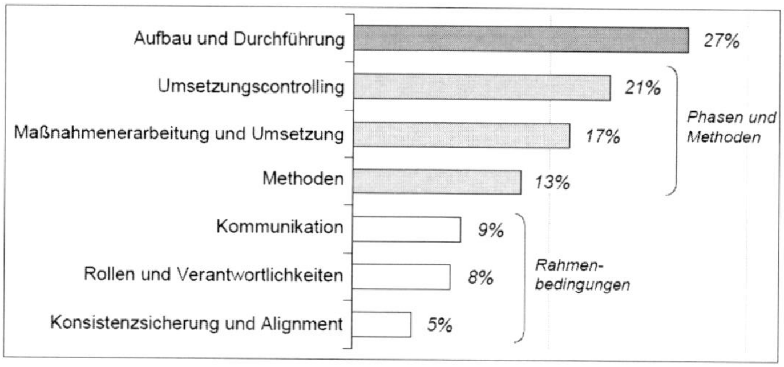

Abbildung 20: Verbesserungspotenziale bei der strategischen Planung[170]

4.2 Ableiten von Maßnahmen aus der Strategie

Um die in Kapitel 3.4 gefundenen Handlungsoptionen realisieren zu können, bedarf es Maßnahmen, die die Strategie in die zur Umsetzung notwendigen Aktivitäten gliedern,[171] die ihrerseits im Einklang mit dem Leitbild stehen. Zu diesem Zweck werden nachfolgend die strategischen Ziele aufgelistet, jeweils ergänzt um die zu deren Erreichung erforderlichen Maßnahmen.

Gewinnung personeller Stärke

Um diese Option realisieren zu können, sollte die Personalbeschaffung zukünftig professionell über einen Zentralbereich abgebildet und nicht mehr von den Fachbereichen selbst durchgeführt werden. Gründe hierfür sind die Bündelung von Erfahrung und Kompetenz in Form eines dedizierten, internen Dienstleisters für alle Bereiche. Dies vermeidet Zeitdruck sowie Unterschiede und Mängel in der Personalauswahl und bietet ein aus Bewerbersicht einheitliches Auftreten. Zusätzlich erleichtert die Zentralisierung interne Versetzungen und ermöglicht objektive Bewertungen der Arbeitsplätze über normierte Tätigkeitsbeschreibungen. Darüber hinaus sollte für eine nachhaltige, mittel- und langfristige Versorgung mit versiertem, auf den Bedarf zugeschnittenen Personal das Thema Ausbildung von der Verantwortung des Standortes Aalen in diesen Zentralbereich Personal übergehen und dort standortübergreifend etabliert werden.

Konzentrierter, gezielter Aufbau von Fähigkeiten

Um langfristig mit dem Wettbewerb in Konkurrenz treten zu können, ist es absolut zwingend erforderlich, dass der bestehende Mitarbeiterstamm entlang den Kundenbedürfnissen und der Marktentwicklung weitergebildet wird. Zur Feststellung der Markt- und Kundenbedürfnisse müssen sich die Teamleiter und der Geschäftsbereichsleiter in regelmäßigen Abständen mit Vertretern der drei Marktbereiche abstimmen. Die Ergebnisse dieser Gespräche sollten Eingang fin-

[170] Entnommen aus (Huber, 2006 S. 48)

[171] Vgl. (Baier, 2008 S. 413).

den in ein fortlaufendes Weiterbildungsprogramm, welches von den Teamleitern umgesetzt werden muss. Auch hier kann ein Zentralbereich Personal Unterstützung leisten.

Herausarbeiten von Differenzierungsmerkmalen

Es bietet sich an, die oben beschriebenen Weiterbildungen mit einem Zertifizierungsprogramm zu kombinieren. Dies dient einerseits dem Nachweis der aufgebauten Fähigkeiten, andererseits ermöglicht es eine leicht verständliche Kommunikation der vorhandenen Kompetenzen in der Außendarstellung. Ein weiterer positiver Aspekt der damit einher geht, ist die Förderung der bereits angesprochenen wachstumsstrategischen Vorteile in der Partnerpolitik mit Branchengrößen wie bspw. Microsoft oder SAP (siehe Kapitel 3.5). Zusätzlich kann dies auch zu einer höheren Auftragswahrscheinlichkeit im Rahmen von Weiterempfehlungen durch die Partner sowie anderweitigen Vorteilen, wie z. B. dem Bezug kostenfreier Lizenzen, führen. Darüber hinaus ermöglicht es den Aufbau eines weiteren Differenzierungsmerkmals ggü. dem Wettbewerb: Qualitativ hochwertigste Beratungs- und Entwicklungsleistungen. Eine mögliche Voraussetzung hierfür ist z. B. die lückenlose Zertifizierung jedes Mitarbeiters des Geschäftsbereichs, da so ein Slogan wie bspw. „100 % zertifizierte Qualität" geprägt werden kann. Wird dieses Bild beim Kunden etabliert und von diesem als Mehrwert wahrgenommen, sind auch höhere Margen aufgrund durchsetzbarer höherer Preise möglich.[172]

Die eigentliche Umsetzung erfolgt durch die in Kapitel 3.5 dargestellte Wachstumsstrategie in Form von mehreren Maßnahmen, die auf den im Laufe dieses Kapitels entwickelten Strukturen aufsetzen und mit Hilfe der in der Balanced Scorecard (Kapitel 5) definierten Maßnahmenpakete realisiert werden.

Heben des Cross-Selling-Potenzials der anderen Leistungsbereiche

Ziel davon ist die Risikostreuung und Hebung bisher nicht genutzter Kundenpotenziale durch Erschließen von Kunden- und Marktsegmenten der drei anderen Leistungsbereiche mittels Entwicklung einer mit allen drei Marktbereichen (vgl. Abbildung 2) abgesprochenen, langfristigen Vertriebsstrategie. Diese sollte beispielsweise beinhalten, dass Betreuer von Kunden, die bisher keine Softwareentwicklungsdienstleistungen bei der cellent AG eingekauft haben, ihre Kundenbesuche in Begleitung eines Presales-fähigen Mitarbeiters der BU SD durchführen, damit diesen Kunden kompetent das Leistungsangebot und die technische Expertise der BU SD dargestellt werden kann. Bis auf das Bereitstellen der Teamleiter als Presales-Ressource hat diese Strategie keine unmittelbaren Folgen für die organisatorische Aufstellung der BU SD. Vielmehr wird sie anhand bereichsübergreifender Schritte realisiert, welche jedoch trotzdem im Kontext des Geschäftsbereichs systematisch überwacht werden müssen. Daher erfolgt die Realisierung sowie Kontrolle und Steuerung dieser Maßnahme mit Hilfe der Balanced Scorecard, welche im Kapitel 5 aufgestellt wird.

---

[172] Vgl. (Haller, 2010 S. 297).

4.3 Festlegen der Aufbauorganisation

Unter der Aufbauorganisation versteht man die hierarchische Struktur eines Unternehmens, welche häufig in sog. Organigrammen dokumentiert wird.[173] Sie definiert, welche Aufgaben von welchen Personen und Sachmitteln zu bewältigen sind.[174] Damit schafft sie einen ordnenden Rahmen für die Strategieumsetzung und somit zur Erfüllung der Unternehmensziele in Form von:[175]

- Festlegung der zu erfüllenden Aufgaben
- Zuordnung der Aufgaben/Prozesse zu Stellen (definiert in Stellenbeschreibungen)
- Regelung der Über- und Unterstellung für die Stellen (dokumentiert im Organigramm)
- Festlegen von Verantwortung und erforderlicher Kompetenzen der Stelleninhaber
- Zusammenfassung der Stellen zu Gruppen, Abteilungen, Geschäftsbereichen, etc.

Hierzu kommen unterschiedliche Konzepte in Frage, wovon die klassischen Organisationsformen im Anhang C.1 in Abbildung C1 dargestellt und mit ihren jeweiligen Vor- und Nachteilen beschrieben werden. Aus diesen soll nun diejenige herausgefiltert werden, die die Strategieumsetzung am besten unterstützt.

Von den vorgestellten Organisationsformen ist die **Mehrlinienorganisation** auf den ersten Blick eine valide Option für die aufbauorganisatorische Strukturierung der BU SD, vor allem vor dem Hintergrund des fast ausschließlich projektorientiert arbeitenden Leistungsbereichs. Bei genauerer Betrachtung fällt jedoch auf, dass die Projekte in ihrer Existenz zeitlich stark begrenzt sind und auch hinsichtlich ihrer Personalausstattung starken Fluktuationen unterworfen sind. Für eine bleibende, die Zuständigkeiten und Verantwortlichkeiten klar abbildende Struktur, ist die Mehrlinienorganisation somit nicht geeignet.

Diesen Nachteil gleicht beispielsweise die **Matrix-Organisation** aufgrund der möglichen Trennung disziplinarischer und thematischer Verantwortung aus, da unabhängig von etwaigen Projekten eine klare Zuordnung für die Mitarbeiter möglich wäre. So könnte sich die Themenverantwortung bspw. auf die verwendete Technologie beziehen, in der BU SD somit auf .NET und Java und wäre darüber hinaus mit neuen Technologien in Form neuer Themenverantwortlicher leicht erweiterbar. Zusätzlich zu den in der Abbildung C1 genannten Nachteilen hätte das jedoch im konkreten Fall zur Folge, dass für die initiale Aufstellung der 22 Entwickler am Standort Aalen zwei Teamleiter und zusätzlich zwei Themenverantwortliche (für die Kerntechnologien .NET, Java) erforderlich sind. Dieser Aufwand an Führungspersonal und der daraus resultierenden Abstimmungsaufwände unter ihnen ist wirtschaftlich nicht abbildbar, vor allem nicht, wenn die Teamleiter bereits Experten in den Kerntechnologien sein sollen.

---

[173] Vgl. (Bamberger, et al., 2004 S. 280).

[174] Siehe hierzu die detaillierten Ausführungen von Kieser, et al. (2007 S. 77 ff.).

[175] Vgl. (Winkelmann, 2010 S. 98) und (Nicolai, 2009 S. 25), sowie (Baier, 2008 S. 361).

Die Ansprüche an eine solide, klare Gliederung erfüllt hingegen die **Linienorganisation**, sofern für die Teamleiterstellen fachlich kompetente und disziplinarisch erfahrene Mitarbeiter gewonnen werden können. Hier bietet es sich an, für jede der Kerntechnologien eine eigene Linie/Sparte aufzubauen, wenn man so will, den Geschäftsbereich in voneinander getrennte „Centers of Competence" aufzuteilen und in diesen die Mitarbeiter mit den entsprechenden Kompetenzen zu bündeln. Der in Abbildung C1 aufgeführte Nachteil der langen Instanzenwege[176] trifft im Konstrukt der cellent AG definitiv nicht zu, da es dann lediglich folgende Hierarchiestufen gibt: Mitarbeiter, Teamleiter, Geschäftsbereichsleiter, Vorstand. Damit ist auch dem Nachteil der möglichen Informationsfilterung Rechnung getragen. Um Silodenken in den einzelnen Linien/Sparten zu verhindern, sollte auf regen Austausch der Teamleiter untereinander geachtet werden. Dies wird am besten erreicht, indem jeder dieser Teamleiter die Aufgabe erhält, einen beliebigen anderen Teamleiter zumindest grundsätzlich in dessen Technologiegebiet vertreten zu können.

Auf die Stabsstelle(n) der **Stab-Linien-Organisation** kann aufgrund der überschaubaren Teamgröße verzichtet werden. Sollte ein Team überproportional an Größe zulegen, ist noch vor Einführung einer Stabsstelle von dem Splitten der Teams Gebrauch zu machen, da damit für jedes Team ein dedizierter disziplinarischer und technischer Ansprechpartner zur Verfügung steht. Gleichzeitig vermeidet man das Phänomen, dass ein Teamleiter aufgrund der Arbeitsbelastung nur noch Personal verwaltet und keine Zeit mehr für die Realisierung von Projekten zur Verfügung hat. Wie die Vergangenheit gezeigt hat, ist eine gewisse fachliche Kompetenz notwendige Voraussetzung, um Mitarbeiter, deren Fähigkeiten und daraus abgeleitet Weiterbildungsmaßnahmen besser einschätzen zu können. Und nicht zuletzt sollen die Teamleiter auch als technische Presales-Unterstützung den Kundenverantwortlichen der Marktbereiche zur Verfügung stehen, was wiederum ohne solide technische Kenntnisse nicht möglich ist.

Die Möglichkeit, diese Struktur sehr einfach um zusätzliche Linien/Sparten zu ergänzen, erfüllt damit auch die Anforderungen die durch das strategische Ziel „Gewinnung personeller Stärke" an die aufbauorganisatorische Struktur des Geschäftsbereichs SD gestellt werden. Auch in Bezug auf zukünftige Firmenaufkäufe oder neue aufkommende Technologien bietet dieses Modell maximale Flexibilität: Neue Teams können einfach in diese Struktur eingebunden werden, ohne das bestehende System zu überfordern oder grundsätzlich restrukturieren zu müssen, wie die Linie/Sparte „Teamleiter ?" in Abbildung 21 visualisiert.

Daraus folgt, dass sich die aufbauorganisatorische Struktur der BU SD am Strukturtyp Linienorganisation orientiert und sich zukünftig wie in Abbildung 21 skizziert darstellt.

---

[176] Eine Instanz ist eine Stelle mit Verantwortung sowie Weisungs- und Entscheidungsbefugnis. Vgl. (Kieser, et al., 2007 S. 90).

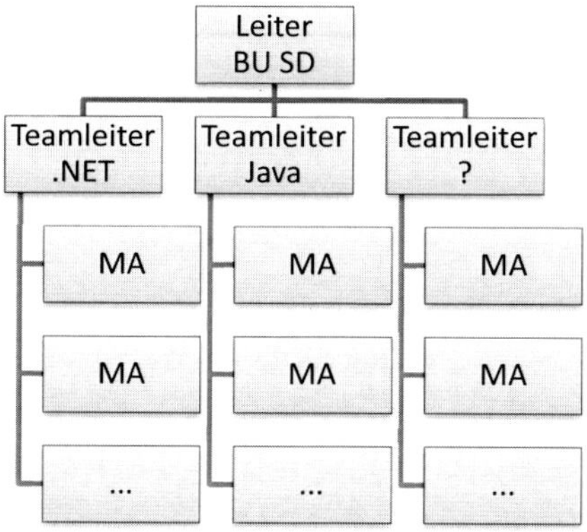

Abbildung 21: Neue aufbauorganisatorische Struktur der BU SD mit Erweiterungsmöglichkeit

4.4 Festlegen der Ablauforganisation

Die Ablauforganisation ermittelt und definiert unter Berücksichtigung der personellen, zeitlichen und räumlichen Regelungen die materiellen und informationellen Arbeitsprozesse, die zur Erfüllung der Unternehmensziele erforderlich sind.[177] Seit der Vorstellung des Business Reengineering[178] durch Hammer und Champy in den 1990er Jahren rückt die Betrachtung von Prozessen bei der Strategieumsetzung vermehrt in den Vordergrund.[179] Im Kontext des Dienstleisters soll die Prozessorientierung die Wertschöpfungskette optimieren, indem Bereichsgrenzen und effizienzmindernde Schnittstellen abgebaut werden und die Prozesse selbst am Kunden und seinen Bedürfnissen ausgerichtet werden, um verlorene Kundenorientierung, ein vernachlässigtes Qualitätsbewusstsein und eine unzureichende Dienstleistungshaltung zu kompensieren.[180] Da die Beschreibung sämtlicher an der Wertschöpfung beteiligter Prozesse der BU SD im Rahmen dieses Buches weder zielführend noch mengenmäßig möglich ist, macht es an dieser Stelle keinen Sinn auf die Unterstützungsprozesse einzugehen. Konzentriert man sich hingegen auf die Kernprozesse, ergeben sich in der betrieblichen Realität folgende zwei Optionen:

- Entweder der Kunde hat Bedarf an einem Mitarbeiter mit einer speziellen Qualifikation, dann handelt es sich um eine Ressourcenbeistellung im Rahmen eines sog. **Beratungsprojektes** oder
- der Kunde wünscht die Lösung eines Problems durch die Entwicklung einer spezifischen, individuellen Software, wobei es sich dann um ein **Entwicklungsprojekt** handelt.

---

[177] Vgl. (Nicolai, 2009 S. 25), (Winkelmann, 2010 S. 98) sowie (Bamberger, et al., 2004 S. 280).
[178] Zum Konzept des Business Reengineering siehe (Hammer, et al., 2003).
[179] Vgl. (Fischermanns, 2008 S. 53 f.).
[180] Vgl. (Haller, 2010 S. 189 f.).

Letzteres stellt hierbei die Regel dar.[181] Ausgehend von diesen beiden Projekttypen erfolgt die Definition der hierzu benötigten Prozesse, die als Prozessketten und -abläufe im Anhang D.1 (Beratungsprojekt) und D.2 (Entwicklungsprojekt) zu finden sind.

4.5 Festlegen der Projektorganisation

Wie im vorhergehenden Kapitel bereits festgestellt, spielen sich die hauptsächlichen wertschöpfenden Prozesse im Rahmen von Kundenprojekten ab. Die Organisation dieser Projekte stellt damit eine Schlüsselfunktion im Geschäftsbereich dar und muss daher als Bestandteil der organisatorischen Strategieumsetzung berücksichtigt werden. Zunächst unterscheidet man drei Formen der Projektorganisation, deren grafische Repräsentation jeweils im Anhang C.2 abgebildet ist:[182]

Stabs-Projektorganisation (Einfluss-Projektorganisation)
Hier bleibt die zugrundeliegende Unternehmenshierarchie unverändert, mit der Konsequenz, dass der Projektleiter eines solchen Projektes weder fachliche noch disziplinarische Weisungsbefugnis hat und lediglich beratende, koordinierende und entscheidungsvorbereitende Funktionen ausführt. Die Bezeichnung Projektkoordinator statt Projektleiter trifft diese Funktion besser, da die Projektverantwortung einem oder mehreren Linienvorgesetzten übertragen wird. Die Projektmitarbeiter stehen ihren bisherigen Abteilungen in beschränktem Umfang weiterhin zur Verfügung.

Für die BU SD ist diese Form der Projektorganisation nicht brauchbar, da die Projektmitarbeiter dem Projektleiter in vollem Umfang für das Erreichen des Projektziels zur Verfügung stehen müssen. Ist dieser darüber hinaus fachlich nicht weisungsbefugt, können die oftmals sehr komplexen und einer hohen Dynamik unterliegenden Projekte nicht innerhalb der gesetzten Fristen erfolgreich beendet werden. Dies gilt umso mehr, wenn jegliche Entscheidung des Projektleiters den Umweg über einen Linienvorgesetzten nehmen muss. Zusätzlich erwarten die Kunden, dass die mit dem Projektleiter abgestimmten und beschlossenen Punkte verbindlichen Charakter haben, und nicht noch durch eine dritte Instanz bestätigt werden müssen.[183]

Reine Projektorganisation
Bei der reinen Projektorganisation wird die zugrundeliegende Unternehmenshierarchie komplett verändert, indem für die Laufzeit des Projektes eine eigenständige Organisationseinheit gebildet wird, die die Projektmitarbeiter komplett einbindet. Der Projektleiter hat eine projektbezogene fachliche und disziplinarische Weisungsbefugnis und damit maximalen Einfluss auf das Ergebnis des Projektes.

---

[181] Vgl. hierzu auch die Projektliste in Tabelle A1 im Anhang A.1.

[182] Vgl. für die nachfolgenden Erläuterungen der Projektorganisationsformen (Bühner, 2004 S. 217 ff.), (Krcmar, 2010 S. 215 ff.), (Frölich, et al., 2002 S. 137 ff.) und (Fischermanns, 2008 S. 357 ff.).

[183] Aus Vereinfachungsgründen werden hier Steuerungskomitees oder Lenkungsausschüsse nicht berücksichtigt.

In Bezug auf die von der BU SD durchgeführten Projekte scheint diese Form der Projektorganisation perfekt zu passen – jedoch nur auf den ersten Blick. Auf den zweiten Blick erkennt man, dass die wenigsten Projekte derart linear verlaufen, dass jeder Mitarbeiter über die gesamte Projektlaufzeit immer zu 100 % in dem Projekt produktiv tätig sein kann, sei es dass seine spezifischen fachlichen Fähigkeiten nur für ein bestimmtes Arbeitspaket erforderlich sind oder aufgrund von Abhängigkeiten zu anderen Arbeitspaketen Leerlauf entsteht, für den die Kunden in der Regel nicht bereit sind zu bezahlen bzw. die Projektbudgets derartige fakturierbare Leerläufe nicht ermöglichen. Diese Mitarbeiter auch nur kurzfristig aus diesem Projekt herauszulösen wäre dann vermutlich nicht möglich.

Matrix-Projektorganisation
Die Matrix-Projektorganisation setzt hingegen auf die Auseinandersetzung von Linienmanager und Projektleiter, die im Zweifel durch eine höhere Instanz geklärt werden muss. Dennoch verfügt der Projektleiter über fachliche Weisungsbefugnis im Rahmen seines Projektes und kann das ihm zugewiesene Personal zur Erbringung der Projektleistung ohne Rücksprache in Anspruch nehmen. Die Projektmitarbeiter werden zeitlich begrenzt in die Projektgruppe integriert und unterstehen fachlich dem Projektleiter und disziplinarisch ihrem Vorgesetzten.

Die Matrix-Projektorganisation stellt für die BU SD die am besten passendste aller drei Projekt-Organisationsformen dar, vor allem weil sie die nötige Flexibilität im oben bereits dargestellten, dynamischen Softwareentwicklungs-Projektumfeld bietet. Daher wird diese Form der Projektorganisation für die BU SD gewählt.

4.6 Festlegen der Mitarbeiterrollen

Um nun das auf die jeweilige Anforderung passende **Projektteam** aufstellen zu können, bedarf es Mitarbeiter mit unterschiedlichsten Fähigkeiten. Damit einerseits die Leistungen der einzelnen Mitarbeiter mit einem ihrem Qualifikationsniveau entsprechenden Stundensatz dem Kunden in Rechnung gestellt werden können und – was bei weitem der wichtigste Punkt ist – die Projekte bedarfsgerecht mit Mitarbeitern entsprechender Qualifikation besetzt werden können, ist die Definition von Rollen in der BU SD erforderlich. Hierzu muss ein **Rollenmodell** erarbeitet werden, welches nicht nur die genannten Anforderungen der Kunden und Projektleiter erfüllt, sondern auch für die Mitarbeiter transparent ist und idealerweise für die Teamleiter die Grundlage für eine nachvollziehbare Personalentwicklung gibt. Damit wären auch die Voraussetzungen für die Erreichung des strategischen Ziels „Konzentrierter, gezielter Aufbau von Fähigkeiten" erfüllt.

Bei der Betrachtung der einzigen bisher verfügbaren Laufbahn „Consultant" wird schnell klar, dass nicht jeder Mitarbeiter für eine Beraterlaufbahn geeignet ist. Um diesen Mitarbeitern dennoch eine Perspektive bieten zu können, wird das Qualifikationsmodell um die Laufbahn „Developer" auf das in Abbildung 22 dargestellte, zweigleisige Modell erweitert.

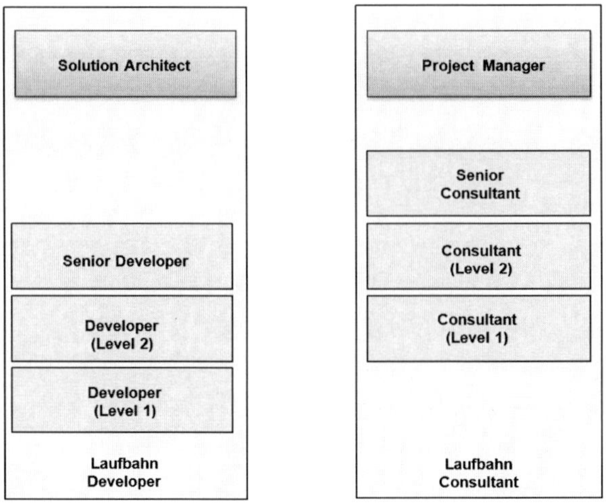

Abbildung 22: Laufbahnmodell und Mitarbeiterrollen der BU SD

Anschließend müssen noch die jeweiligen Rollen ausdefiniert werden. Innerhalb der beiden verfügbaren Laufbahnen stellen sich diese folgendermaßen dar:

Laufbahn „Developer"

Die Laufbahn „Developer" beschreibt die überwiegend technisch orientierte Laufbahn innerhalb des Leistungsbereiches. Den Einstieg bildet der „Developer Level 1", der grundlegende Erfahrung in der Softwareentwicklung voraussetzt und endet beim „Senior Developer", der als erfahrener Entwickler für Projekte jeder Größenordnung von Konzeption bis Umsetzung der richtige Ansprechpartner ist. Der „Solution Architect" vereint als erfahrener Software-Architekt die Fähigkeiten, komplexe Softwareprojekte zu konzipieren und umzusetzen, die Kunden auch und vor allem in Hinblick auf Architekturentscheidungen mit großer Tragweite kompetent zu beraten und auch intern eine beständige Reevaluierung der im Bereich zum Einsatz kommenden Technologien und Methoden vorzunehmen.

Laufbahn „Consultant"

Die Laufbahn „Consultant" kombiniert die Aufgaben des Softwareentwicklers mit der überwiegend beratenden Tätigkeit an der Schnittstelle zum Kunden. Hohes technisches Know-how ist selbstverständlich auch für diese Laufbahn unabdingbar, weshalb Berufserfahrung als Software-Entwickler Einstiegsvoraussetzung ist. Neben den Aufgaben eines „Developers" liegt ein wesentlicher Schwerpunkt in beratenden, konzipierenden und koordinierenden Tätigkeiten; tadelloses Auftreten, Kommunikationskompetenz und Freude an der Interaktion mit Kunden und Kollegen sind daher kennzeichnend für den Consultant. Der „Project Manager" ist in der Lage, auch komplexe Projekte mit zahlreichen Beteiligten erfolgreich zu planen, zu organisieren und zu überwachen. Er ist zuständig für Anforderungs- und Kundenmanagement, führt die Teilprojektleiter und steuert die Konzeption und Realisierung aus Gesamtprojektsicht.

5 Steuerung und Kontrolle der Strategieumsetzung

In der bereits mehrfach zitierten Umfrage zur strategischen Planung deutscher Unternehmen wurde festgestellt, dass jede zweite Strategieimplementierung scheitert. Hauptgründe hierfür sind fehlende Kontrolle sowie das Versäumnis, die Strategien in Projekte zu überführen (siehe Abbildung 23). Darüber hinaus kennen etwa 95 % der Mitarbeiter die Strategie ihres eigenen Unternehmens nicht und zwei Drittel der Personal- und IT-Führungskräfte verfolgen Strategien, die nicht im Einklang mit den Unternehmenszielen stehen.[184]

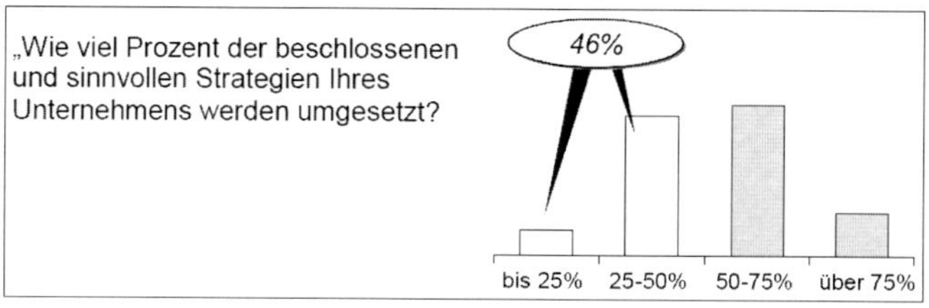

Abbildung 23: Umsetzungsgrad der Strategien[185]

Nach Kaplan und Norton sind aber dies genau die Schlüsselprozesse, die angepasst und unterstützt werden müssen:

- *„Clarify and update strategy*
- *Communicate strategy throughout the organization*
- *Align departmental and personal goals to the strategy*
- *Identify and align strategic initiatives*
- *Link strategic objectives to long-term targets and annual budgets*
- *Align strategic and operational reviews*
- *Obtain feedback to learn about and improve strategy"*[186]

Weiter führen sie an, dass die Balanced Scorecard das ideale Mittel ist, eine Strategie, welche radikalen Wandel erfordert, bei der Implementierung zu begleiten. Sie ermöglicht es, Soll-Ist-Vergleiche durchzuführen sowie gegebenenfalls Abweichungen entgegenzuwirken und ist damit eine sehr geeignete Grundlage für das Umsetzungscontrolling.[187] Zu beachten ist jedoch, dass die mit der BSC gemessenen KPIs nur so gut sind, wie die Qualität und Quantität der erfassten Inputdaten, weshalb hier entsprechende Sorgfalt anzusetzen ist.[188] Die Strategie des Unternehmens

---

[184] Vgl. (Huber, 2006 S. 45).

[185] Entnommen aus (Huber, 2006 S. 45).

[186] (Kaplan, et al., 1996 S. 291 f.).

[187] Vgl. (Gausemeier, et al., 2009 S. 239). Siehe hierzu auch die Ausführungen von (Haller, 2010 S. 68 f.) und (Hungenberg, 2004 S. 416).

[188] Vgl. (Winkelmann, 2010 S. 125).

bzw. der BU bildet dabei den Ausgangspunkt zur Umsetzung einer Balanced Scorecard, wie nachfolgend aufgezeigt wird.[189]

Aufbauend auf den Empfehlungen Kaplan/Nortons wird daher als Kontrollinstrument eine Balanced Scorecard erstellt, deren üblicherweise vier Dimensionen („Finanzen“, „Kunden“, „Prozesse“, „Mitarbeiter und Lernen“)[190] um eine fünfte Dimension „Partner“ erweitert werden. Die Erweiterung um eine zusätzliche Perspektive erfolgt aufgrund der starken Bindung an die strategischen Partner Microsoft und SAP und legt fest, wie die Organisation in Bezug auf die Erreichung ihrer strategischen Ziele betrachtet wird.[191] Die Partner wurden als eine für den Geschäftsbereichserfolg wesentliche Komponente erkannt, da ein Großteil des Geschäfts entweder auf ihren Produkten aufbaut oder in Kooperation mit ihnen überhaupt erst zustande kommt. Daraus resultieren die in Abbildung 24 dargestellten Perspektiven der Balanced Scorecard.

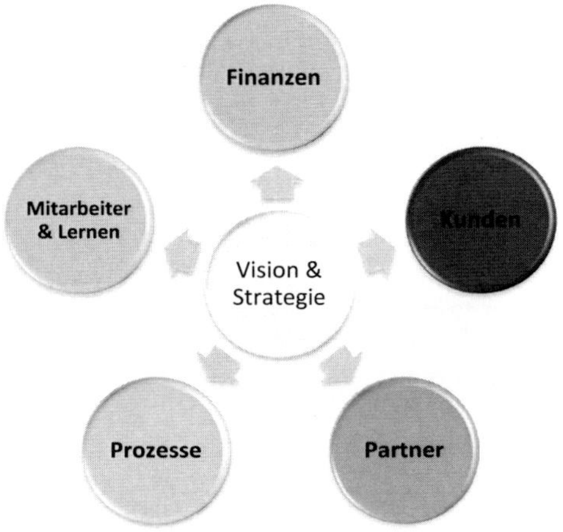

Abbildung 24: Die fünf Perspektiven der Balanced Scorecard der BU SD

Im folgenden Schritt werden für jede Perspektive Leistungsindikatoren (KPIs) für den Geschäftsbereich Software Development ausgewählt. Diese KPIs orientieren sich maßgeblich an den in Kapitel 3.4 abgeleiteten Handlungsoptionen und erlauben damit eine objektive Kontrolle der Erfolgswirksamkeit der definierten und umzusetzenden Maßnahmen. Dies ist alleine schon deshalb notwendig, weil nicht alle identifizierten strategischen Handlungsoptionen ausschließlich im Verantwortungsbereich der BU SD liegen (siehe Handlungsoption „Heben des Cross-Selling-Potenzials der anderen Leistungsbereiche“), deren Durchführung und Zielerreichung jedoch für den Erfolg der Gesamtstrategie erforderlich ist. Ergänzt werden dann noch betriebs-

---

[189] Vgl. (Krcmar, 2010 S. 72 f. und 414 f.).
[190] Vgl. (Kaplan, et al., 1996 S. 8).
[191] Vgl. (Baier, 2008 S. 146), sowie (Krcmar, 2010 S. 413 und 108 ff.).

wirtschaftlich sinnvolle und notwendige KPIs, die wieder in Zusammenarbeit mit dem Geschäftsbereichsleiter SD, Thomas Schwarz, definiert wurden. Die Aufstellung der Messgrößen erfolgt hierbei i. d. R. mit einem Horizont von einem Jahr. Das Vorgehen entspricht dabei für jede der fünf Perspektiven folgendem, von Krcmar vorgeschlagenem Schema:[192]

1. Bestimmung der Messgrößen: „If you can't measure it, you can't manage it"
   - Spalte „Ziel"
2. Abstimmen der Zielwerte: „What gets measured gets done"
   - Spalte „Kennzahl" und „Vorgabe"
3. Auswahl der Maßnahmen: „From strategy to action"
   - Spalte „Maßnahme"

Tabelle B1, welche die Ziele, Kennzahlen, Kennzahlvorgaben und Maßnahmen beinhaltet, ist im Anhang B zu finden.

Um die Balanced Scorecard zu komplettieren erfolgt noch die Aufstellung der Ursachen-/Wirkungskette. Diese stellt sich wie in Abbildung 25 gezeigt dar.

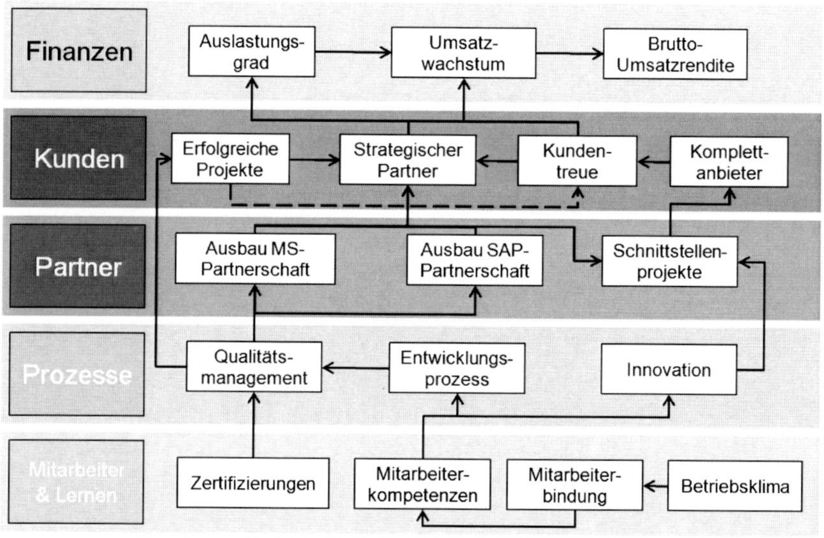

Abbildung 25: Ursachen-/Wirkungskette der Balanced Scorecard der BU SD

[192] Vgl. (Krcmar, 2010 S. 111).

6 Fazit und Ausblick

Während dem Schreiben des Buches wurde schnell klar, dass bereits der Themenkomplex „Strategieentwicklung“ für sich betrachtet genügend Stoff für ein ganzes Buch bietet. Die Ergebnisse des ersten Teils haben jedoch gezeigt, dass es trotz der dem Thema zugrundeliegenden Komplexität und der Vielfalt an Vorgehensweisen möglich ist, mit einer bedachten Methodenauswahl die Situation des Unternehmens bzw. des Geschäftsbereichs hinreichend gut zu beschreiben, um die Ableitung einer schlüssigen Strategie – wie durch die Aufgabenstellung gefordert – zu ermöglichen. Dennoch muss festgestellt werden, dass eine höhere Validität der getroffenen Aussagen bzw. der abgeleiteten Schlüsse nur über die Durchführung zusätzlicher Analysen möglich ist.

Im zweiten Teil wurde aufgezeigt, welche strukturellen und organisatorischen Veränderungen zur Umsetzung dieser neuen Strategie notwendig sind. Dabei hat sich im Verlauf der Analyse die Erkenntnis ergeben, dass sich diese Veränderungen nicht nur auf den betrachteten Geschäftsbereich beziehen, sondern auch Anpassungen des restlichen Unternehmens erfordern, um erfolgreich umgesetzt werden zu können. Weiterhin wurde bereits während der Literaturrecherche festgestellt, dass es allein mit einer Strategie und der Einleitung der erforderlichen Schritte zu deren Umsetzung noch nicht getan ist. Um die mit der Neuausrichtung verbundenen Erwartungen erfüllen zu können, bedarf es einer begleitenden Steuerung und Kontrolle, was schließlich zur Erstellung einer Balanced Scorecard führte. Diese soll die nachhaltige Erreichung der angestrebten Ziele sicherstellen.

Für die Zukunft sind während der Fertigstellung des Buches noch weitere Verbesserungspotenziale identifiziert worden. Beispielsweise empfiehlt sich die Ausarbeitung eines Qualitätsmanagement-Modells auf Basis ISO/IEC 15504[193] um die Themenbereiche „Qualität“ und „Differenzierungsmerkmale“ lieferanten-/partnerunabhängig zu objektivieren und nach außen darstellbar zu machen. Sehr spannend wäre in diesem Zusammenhang auch die Fragestellung, ob ein konzernweites Qualitätsmanagement bspw. auf Basis der ISO 9001[194] nicht sinnvoller wäre als ein Modell nur für einen Geschäftsbereich, wie im Fall der ISO/IEC 15504.

Abschließend kann festgestellt werden, dass mit dem vorliegenden Fachbuch das Ziel, eine erfolgreiche und durchführbare Vorgehensweise für eine strategische und organisatorische Neuausrichtung des Geschäftsbereichs Software Development zu entwickeln, erreicht wurde. Der nächste und nicht weniger wichtige Schritt besteht jetzt darin, alle Beteiligten für die Verände-

---

[193] SPICE (Software Process Improvement and Capability Determination) oder ISO/IEC 15504 ist ein internationaler Standard, der sich im Umfeld der Softwareentwicklung mit der Bewertung, Verbesserung und Reifegradermittlung von Unternehmensprozessen beschäftigt. Vgl. (Krcmar, 2010 S. 227).

[194] DIN EN ISO 9001 definiert die Anforderungen an ein Qualitätsmanagementsystem, die ein Unternehmen erfüllen muss, um entsprechend zertifiziert werden zu können. Vgl. (Haller, 2010 S. 297 ff.).

rungen zu gewinnen und den Weg gemeinsam zu beschreiten. Denn ohne die Akzeptanz und Unterstützung der Mitarbeiter ist auch die beste Strategie nicht erfolgreich – und das wusste Sun Tzu sogar schon vor den Römern:

„*He will win whose army is animated by the same spirit throughout all its ranks.*"[195]

[195] (Tzu, et al., 2005 S. 13).

Anhang

A Tabellen zur Unternehmensanalyse

A.1 Tabellen für die Kernkompetenzanalyse

Projektname	Projektkurzbeschreibung	Branche	Dauer	Projektende
Projektmanagementsystem	Nach der Entwicklung von *Projekten muss ein Pharmaunternehmen verschiedene Genehmigungsprozesse passieren, bevor es damit in einem Land auf den Markt gehen kann. Die Webanwendung soll helfen diese Projekte mit den Ländern, in denen sie auf den Markt gehen sollen, zu verwalten. *Projekte: So nennt der Kunde z. B. neu entwickelte Medikamente.	Pharma	4 Monate	02.11.2010
XYZ - Archivierungssystem	Das System unterstützt den Anwender beim Erstellen von Zusammenstellungen, welche dann archiviert werden. Eine Zusammenstellung enthält mehrere Ordner voller Dokumente. Nach der Archivierung werden diese Dokumente eingescannt und auf einem Fileserver als PDF (inkl. Volltextsuche) abgelegt. Das System bietet die Möglichkeit diese Dokumente herunterzuladen und zu öffnen. Im System kann zur Laufzeit die Anzeigesprache der gesamten Anwendung geändert werden.	Pharma	6 Monate	31.10.2010
Kontrollsystem für Schlüsselindikatoren	Das System unterstützt den Anwender beim Erstellen und Pflegen von so genannten „Key Performance Indicators" – also von Kennzahlen in einem bestimmten Bereich. Diese Kennzahlen werden international alle 3 Monate erfasst und anschließend ausgewertet. Im System kann sich der Anwender ein KPI-Struktur-Template erstellen, speichern oder ändern.	Pharma	3 Monate	30.09.2010
XYZ 2.2.3 - Dokumentations- und Informationssystem	Das System ist ein Labordokumentations- und Informationssystem zur Erfassung, Verwaltung und Auswertung von Daten der Formulierungsentwicklung. Es wurde 2006 neu (Version 2.0) und seit dem immer wieder weiterentwickelt (aktuell 2.2.3) Der Anwender kann in so genannten Templates seine Daten erfassen und über gleichartige Templatetypen eine statistische Auswertung laufen lassen. Im System werden Materialien, Geräte und Chargen verwalten. Es ist möglich Chargen zu verfolgen oder aus einem Endprodukt eine Rückverfolgung von Chargen durchzuführen. Das System verfügt über eine eigenes internes Benachrichtigungssystem, welches parallel den Anwender auch per Email auf neue Nachrichten aufmerksam macht.	Pharma	3 Monate	31.05.2010
Dose - System zur Berechnung einer Substanzdosis	Das System unterstützt den Anwender bei der Zusammenführung anfallender Daten, der Berechnung einer Dosis und der Berichtserstellung. Im System ist es	Pharma	20 Monate	31.07.2008

	möglich verschiedene Berechnungsmethoden auszuwählen oder bei Reports diese zu exportieren. Diagramme können im Vollbildmodus angezeigt werden.			
Review Software für Wellenfrontmessungen	Die Applikation wurde von einer Optikfirma entwickelt um Wellenfrontmessungen eines Optikergerätes sichtbar machen zu können. Es können Messungen entweder direkt vom Gerät oder über eine XML basierte Inputdatei geladen werden. Innerhalb der Software ist es möglich gewisse Parameter zu verändern und diese Messung wiederum zu persistieren. Einsatzgebiet dieser Software ist aktuell ausschließlich die USA.	Optik	3 Monate	08.03.2010
Scrabble (OUS) - online Updatemechanismus für Optikergeräte	Über diesen Updatemechanismus soll es zukünftig möglich sein, alle bei den Optikern vorhandenen Geräte über das Internet zu aktualisieren. Diese Geräte einer Optikfirma werden aktuell über die Vertriebsgesellschaften aktualisiert. Dies verschlingt eine Menge an Zeit und Kosten. Durch das OUS sollen diese Updateszenarien wesentlich vereinfacht und von zentraler Stelle verwaltet werden können. Als Herzstück dieses Prozesses die Microsoft Azure. Hier ist zu bemerken, dass die unser Kunde ganz aktuelle Produkte und Technologien auf Empfehlung von uns einsetzt.	Optik	1 Jahr und fortlaufend	ongoing
Prozess- und Steuersoftware	Steuer-/ Bediensoftware eines prototypischen Mess-/Justagestands für Lithografie-Belichtungseinheiten einer neuartigen Anlage zur LCD-Herstellung. Abbildung der Messabläufe in SW. Messdatenerfassung über Autokollimator und USB-Kamera. Aufbereitung von Live-Bildern (Falschfarbendarstellung) sowie Auswertung (Schwerpunkt-Berechnung, Einbindung von MatLab-Funktionen). Achsenansteuerung per Servo-Motioncontroller. Besonderheiten: parallele Entwicklung von SW und HW, kein Lasten-/Pflichtenheft sowie sehr hohe Anforderungs-Änderungsrate.	Hightech	10 Monate	01.11.2008
Service	Mit der Kooperationsplattform Service werden Voraussetzungen geschaffen, die es Einrichtungen ermöglichen, Daten im stadteigenen Content Management System direkt über das Internet einzugeben. Pro Themenbereich wird eine Moderation eingerichtet, die diese Daten moderiert, bearbeitet, freigibt oder zurückweist.	Behörde	36 Monate	ongoing
Kundenverwaltungs-Software	Die Software verbindet alle bestehenden und auch zukünftige Kundensysteme. Eine zentrale Schaltstelle für alle Messungen und Kundendaten über diese schlussendlich Bestellungen an den Kunden versandt werden können.	Optik	> 1 Jahr und fortlaufend	ongoing
ManipNG	Realisierung eines Frameworks zur Ansteuerung von Lithographieoptik-Baugruppen im Rahmen der Qualifizierungsprozesse zur Montage und Justage des Gesamtobjektivs. Die Anbindung der Baugruppen erfolgt via CORBA. Durch die Plug-In Architektur können neue Baugruppen ohne Änderungen der Kernkomponenten sehr einfach angebunden werden.	Hightech	6 Monate und fortlaufend	ongoing

Now2 Webservice	Ein Hardwarehersteller bietet seinen Kunden das Outsourcing seiner kompletten IT an. Hierzu gehört u. a. das Beschaffen neuer Hardware sowie Installation von Software auf PC der Endanwender. Bei dem Now2 Webservice handelt es sich um ein Serviceorientiertes Middleware System, welches aus 3 WCF-Services besteht und dem Hardwarehersteller die Möglichkeit bietet, aus seinem eigenen Netzwerk Hardwarebeschaffungen und Softwareinstallationen beim Endkunden auszulösen. Der Now2Server nimmt diese Anfragen direkt im Kundennetzwerk entgegen und löst dort alle notwenigen Prozesse aus.	IT-Dienstleister	8 Monate	01.12.2008
Reader-Anbindung	Middleware zur Anbindung von Laborgeräten (RS/232, LAN) und Bereitstellung einer einheitlichen Schnittstelle zur Ansteuerung. Gerätespezifische Abläufe wurden in Plug-Ins realisiert, welche zur Laufzeit geladen werden.	Pharma	12 Monate	31.03.2010
Internet Relaunch auf Basis Umbraco CMS	Überarbeitung der Firmenpräsenz im Internet. Der Onlineauftritt der Firma XY soll mit einem neuen Layout versehen und als CMS System umgesetzt werden. Zudem muss der bestehende OnlineShop komplett überarbeitet und mit einer neuen Technologie implementiert werden. Die Bestellabwicklung wird über MSMQ und Navision abgehandelt. Hierbei muss die bestehende Schnittstelle zu dem intern verwendeten CRM System Navision angesprochen und in den Onlineshop integriert werden.	Gesundheits-produkte	3 Monate	11.01.2010
Erweiterung ERP-System auf Basis Diamond	Erstellung eines ERP-Systems auf Basis Diamond	Kunststoff-Industrie	> 3 Jahre	ongoing
mROAD	Zur Produktion der Premiumautos wird das Mercedes-Benz Werk Sindelfingen täglich mit einer enormen Anzahl an nationalen und internationalen Transporten versorgt. Obwohl der Automobilkonzern Daimler bereits ein sehr gutes Wareneingangs- und Transportmanagementsystem mit einer überdurchschnittlich guten EDI-Quote hat, besteht noch Optimierungsbedarf. Denn die große logistische Herausforderung geht einher mit hohem organisatorischem Aufwand. Dazu gehört der bislang noch erforderliche Prozess der Anmeldung der Lkw sowie der datentechnischen Prüfung der Wareneingangsdaten. Eventuelle Fehler und die Ursachen können erst im Nachhinein identifiziert und korrigiert werden.	Automotive	1 Jahr	15.06.2009

Tabelle A1: Auswahl erfolgreicher Projekte der letzten drei Jahre (Kunden sind anonymisiert)

Spezielles Branchenwissen	90											
Langjährige Projekterfahrung in SW-Entwicklung	70	100										
Hoher Ausbildungsstand (SAP, JAVA, .NET, etc.)	70	80	90									
Hohe Ausführungsqualität durch QM-System	40	20	10	30								
Strategisches Partnermanagement (Hersteller-/Produktpartnerschaften z. B. SAP/MS)	20	30	40	10	70							
Hohe Aufwands-, Termin- und Budgettreue	10	30	40	40	10	40						
Full-Service-Anbieter (i. V. m. den anderen BUs)	30	20	30	30	50	10	50					
Räumliche Nähe zum Kunden	20	20	20	10	10	10	20	30				
Beratungskompetenz	80	80	70	80	70	20	40	10	80			
Spezielle Expertisen (Mobile-/Cloud-Entwicklung, etc.)	10	20	30	30	70	40	70	10	80	20		
Umfassendes Technologiespektrum (Java, .NET, Collaboration, Mobile, etc.)	80	30	50	40	70	30	20	10	70	80	70	
Integrationskompetenz (EAI[196])	80	40	50	40	70	40	50	20	80	80	70	70
	Spezielles Branchenwissen	Langjährige Projekterf. in SW-Entwicklung	Hoher Ausbildungsstand	Hohe Ausführungsqualität durch QM-System	Strategisches Partnermanagement	Hohe Aufwands-, Termin- und Budgettreue	Full-Service-Anbieter	Räumliche Nähe zum Kunden	Beratungskompetenz	Spezielle Expertisen	Umfassendes Technologiespektrum	Integrationskompetenz (EAI)

Tabelle A2: Matrix zur quantitativen Kompetenzanalyse[197]

[196] Unter Enterprise Application Integration (EAI) versteht man die an den Unternehmensprozessen orientierte Integration von Anwendungssystemen in heterogenen IT-Anwendungsumgebungen.

[197] Der leichteren Berechenbarkeit und Übersichtlichkeit wegen wurden die Werte kaufmännisch auf ganze Zehner-Potenzen gerundet, analog zu (Fitzek, 2002).

A.2 Skalierung Marktrelevanz und Kompetenzniveau

	Level	Definition	detaillierte Beschreibung
Unternehmenskompetenzniveau	1	*Kompetenz nur in Ansätzen erkennbar*	• Es ist begonnen worden, eine Kompetenz auf zu bauen. • Es ist noch nicht möglich, Projekte beim Kunden zu bearbeiten.
	2	*Kompetenz unterhalb des Marktstandards*	• Die Kompetenz liegt in einer leichten Ausprägung vor. • Die Masse der Mitbewerber verfügt aber über höhere Ausprägung dieser Kompetenz. • Es sind lediglich kleinere Aufgaben lösbar.
	3	*Kompetenz auf Marktstandard*	• Solides und zuverlässige Ausprägung einer Kompetenz, die es erlaubt markübliche Projekte zu übernehmen. • Ermöglicht eine effektive Ausführung einer Aufgabe.
	4	*Überlegenheit im Wettbewerb*	• Die Unternehmung ist innerhalb des Marktes für seine Kompetenz bekannt. • Kunden fragen die Kompetenz explizit nach. • Die Kompetenz ist stärker ausgeprägt als bei der Masse der Mitbewerber.
	5	*weithin überragende Kompetenz*	• Die Unternehmung gilt als Innovator in diesem Kompetenzfeld. • Die Unternehmung gestaltet eigenständig neue Leistungen auf Basis dieser Kompetenz.
Marktrelevanz	niedrig 1	*unterdurchschnittliche Bedeutung für den Markt*	• Die Nachfrage nach Leistungen, die eine Existenz dieser Kompetenz voraussetzen, ist niedrig. • Die Durchführung der meisten Aktivitäten erfolgt ohne den Einsatz dieser Kompetenz.
	mittel 2	*durchschnittliche Bedeutung für den Markt*	• Die Nachfrage nach Leistungen, die eine Existenz dieser Kompetenz voraussetzen, ist signifikant. • Die Durchführung vieler Aktivitäten bedarf dem Einsatz dieser Kompetenz.
	hoch 3	*überdurchschnittliche Bedeutung für den Markt*	• Die Nachfrage nach Leistungen, die eine Existenz dieser Kompetenz voraussetzen, ist stark ausgeprägt. • Die Durchführung der meisten Aktivitäten bedarf dem Einsatz dieser Kompetenz.

Tabelle A3: Skalierung von Marktrelevanz und Unternehmenskompetenzniveau[198]

[198] Entnommen aus (Fitzek, 2002 S. 45).

Cluster	Skill	Marktrelevanz	Stufe
1	Integrationskompetenz (EAI)	hoch	5
	Spezielles Branchenwissen	hoch	5
	Beratungskompetenz	hoch	5
	Umfassendes Technologiespektrum	niedrig	4
2	Hoher Ausbildungsstand (SAP, JAVA, .NET, etc.)	hoch	3
	Langjährige Projekterfahrung in SW-Entwicklung	mittel	4

Tabelle A4: Ergebnis der Skillbewertung nach Relevanz und Stufe

A.3 Branchenanalyse

			Sehr unattrakt.	Mäßig unattrakt.	Neutral	Mäßig attrakt.	Sehr attrakt.	
Eintrittsbarrieren	Betriebsgrößeneinsparungen	Gering	●					Hoch
	Produktdifferenzierung	Gering	●					Ausgeprägt
	Markenidentität	Gering		●				Hoch
	Umstellungskosten	Gering	●					Hoch
	Zugang zu Vertriebskanälen	Reichlich	●					Beschränkt
	Kapitalerfordernis	Gering		●				Hoch
	Zugang zu modernster Technologie	Reichlich	●					Beschränkt
	Zugang zu Rohstoffen	Reichlich	●					Beschränkt
	Schutz durch die Regierung	Nicht vorhanden	●					Stark
	Erfahrungseffekt	Unwichtig				●		Sehr wichtig
Austritts-barrieren	Spezialisierte Aktiva	Hoch				●		Gering
	Einmalige Austrittskosten	Hoch				●		Gering
	Strategische Verflechtungen	Hoch				●		Gering
	Emotionale Hemmnisse	Hoch			●			Gering
	Gesetzliche und soziale Restriktionen	Hoch				●		Gering
Rivalität der Wettbewerber	Anzahl gleichwertiger Wettbewerber	Groß	●					Klein
	Branchenwachstum	Langsam				●		Schell
	Fest- oder Lagerkosten	Hoch				●		Gering
	Produkteigenschaften	Konsumgüter			●			Spezialprodukte
	Kapazitätssteigerungen	Große Schritte				●		Kontinuierlich
	Diversifikation der Konkurrenten	Hoch				●		Gering
	Strategische Einsätze	Hoch		●				Gering

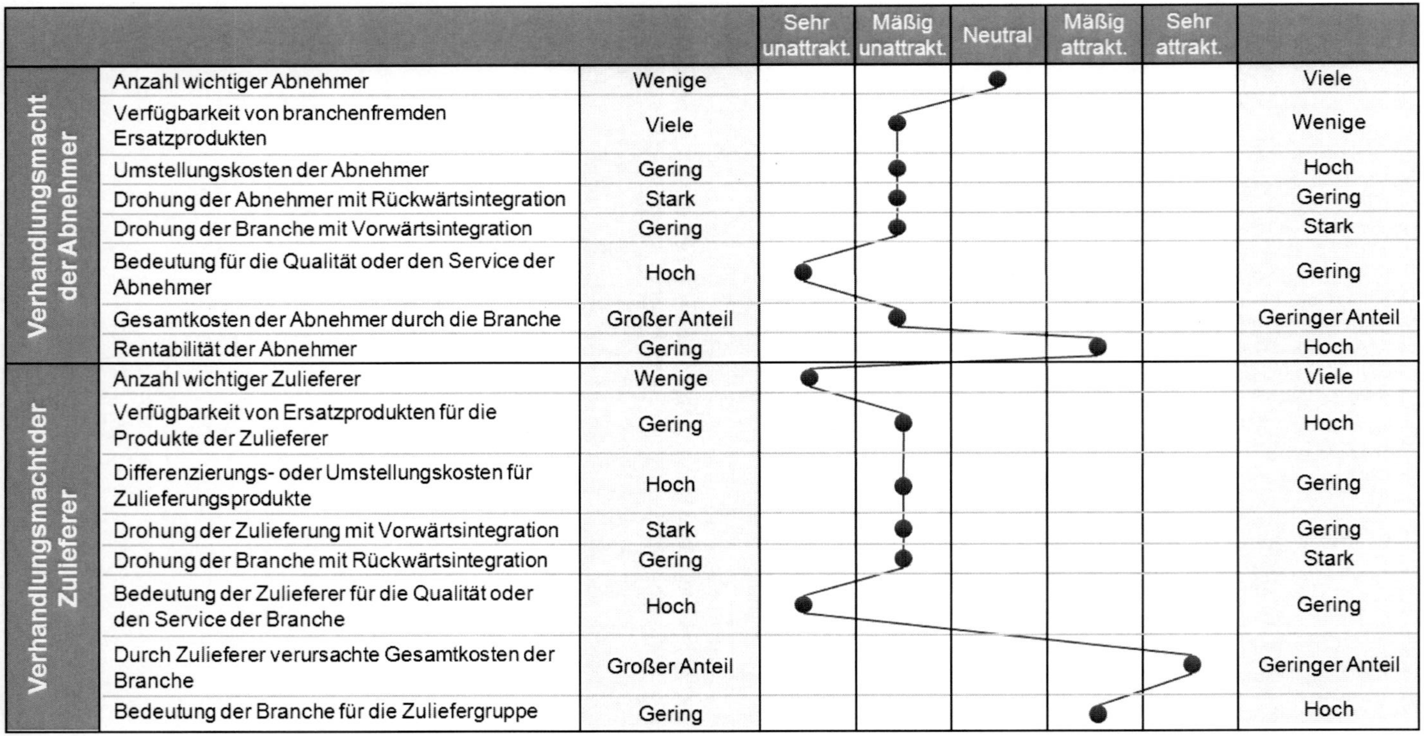
Sehr unattrakt.
Mäßig unattrakt.
Neutral
Mäßig attrakt.
Sehr attrakt.
Verhandlungsmacht der Abnehmer
Anzahl wichtiger Abnehmer
Wenige
Viele
Verfügbarkeit von branchenfremden Ersatzprodukten
Viele
Wenige
Umstellungskosten der Abnehmer
Gering
Hoch
Drohung der Abnehmer mit Rückwärtsintegration
Stark
Gering
Drohung der Branche mit Vorwärtsintegration
Gering
Stark
Bedeutung für die Qualität oder den Service der Abnehmer
Hoch
Gering
Gesamtkosten der Abnehmer durch die Branche
Großer Anteil
Geringer Anteil
Rentabilität der Abnehmer
Gering
Hoch
Verhandlungsmacht der Zulieferer
Anzahl wichtiger Zulieferer
Wenige
Viele
Verfügbarkeit von Ersatzprodukten für die Produkte der Zulieferer
Gering
Hoch
Differenzierungs- oder Umstellungskosten für Zulieferungsprodukte
Hoch
Gering
Drohung der Zulieferung mit Vorwärtsintegration
Stark
Gering
Drohung der Branche mit Rückwärtsintegration
Gering
Stark
Bedeutung der Zulieferer für die Qualität oder den Service der Branche
Hoch
Gering
Durch Zulieferer verursachte Gesamtkosten der Branche
Großer Anteil
Geringer Anteil
Bedeutung der Branche für die Zuliefergruppe
Gering
Hoch

			Sehr unattrakt.	Mäßig unattrakt.	Neutral	Mäßig attrakt.	Sehr attrakt.	
Verfügbarkeit Ersatzprodukte	Verfügbarkeit eng verwandter Ersatzprodukte	Hoch		●				Gering
	Umstellungskosten der Benutzer	Gering		●				Hoch
	Rentabilität und Aggressivität der Ersatzprodukt-Hersteller	Hoch			●			Gering
	Preis-Wert-Verhältnis der Ersatzprodukte	Hoch			●			Gering
Behördliche Maßnahmen	Branchenschutz	Unvorteilhaft			●			Vorteilhaft
	Branchenvorschriften	Unvorteilhaft		●				Vorteilhaft
	Politische Kontinuität	Gering				●		Hoch
	Internationaler Kapitaltransfer	Beschränkt					●	Unbeschränkt
	Zölle	Hoch					●	Gering
	Devisenverkehr	Beschränkt					●	Unbeschränkt
	Ausländischer Besitz	Beschränkt					●	Unbeschränkt
	Hilfe für Konkurrenten	Erheblich					●	Keine

Tabelle A5: Branchenstrukturanalyse für die Business Unit Software Development[199]

[199] Vorlage für die Branchenstrukturanalyse entnommen aus (Kerth, et al., 2008).

B Balanced Scorecard Messgrößen und Zieldefinitionen

Perspektive	Ziele	Kennzahl	Vorgabe	Maßnahme
Finanzen	Auslastung maximieren	Auslastungsgrad	>80%	Projektakquise bei Kunden im SAP-Bereich und bei bisherigen Infrastruktur-Kunden verstärken bzw. starten.
Welche Zielsetzungen leiten sich aus den finanziellen Erwartungen unserer Kapitalgeber ab?	Rentabilität sicherstellen	Brutto-Umsatzrendite	>14%	Akquise konzentrieren auf ertragsstarke Projekte.
	Mehr Umsatz generieren	Umsatzwachstum	>5%	Konsolidierung und Verstärkung der Vertriebsaktivitäten. Konzentration auf große Auftragsvolumina. Intensivierung der Partnerbeziehungen.
Perspektive	**Ziele**	**Kennzahl**	**Vorgabe**	**Maßnahme**
Kunden	Projekte erfolgreich durchführen	Prozentualer Anteil an Projekten in time, in Budget und ohne Nacharbeit mit Kundenzufriedenheit >90%	>95%	Mitarbeiter qualifizieren. Einführung Fragebogen für Kunden nach Projektabschluss. Einsatz von erfahrenen, zertifizierten Projektleitern.
Welche Ziele sind hinsichtlich Struktur und Anforderungen unserer Kunden zu setzen, um unsere finanziellen Ziele zu erreichen?	Etablierung als "der" Anbieter für individuelle AE-Lösungen	Anzahl Kunden welche uns neu als strategischen Partner sehen bzw. Premier AE Supplier-Status an uns vergeben	>=1	Entwurf eines Marketingprogramms in Zusammenarbeit mit den Marktbereichen.
	Als Komplettanbieter wahrgenommen werden (u. a. i. V. m. den anderen Leistungsbereichen)	Anzahl abgelehnter Projektanfragen	<5%	Freelancer-Netzwerk aufbauen. Partnerschaft mit Personalvermittler aufbauen. Gemeinsame Presales-Aktivitäten mit den anderen Bereichen planen.
	Kundentreue	Anteil Kunden, bei welchen Folgebeauftragungen bzw. wiederkehrende Auftragseingänge stattfinden	>75% der Kunden	CustomerCare-Programm etablieren. Kundenbeziehung/ -kontakt auch NACH einem Projekt regelmäßig aufrecht erhalten.

Perspektive	Ziele	Kennzahl	Vorgabe	Maßnahme
Prozesse Welche Ziele sind hinsichtlich unserer Prozesse zu setzen, um die Ziele der Finanz- und Kundenperspektive erfüllen zu können?	Erstellung eines Standard-SW-Entwicklungsprozesses	Reifegrad des SW-Entwicklungsprozesses	CMMI-Level 2 bis Ende 2012	Etablierung eines regelmäßigen Chefarchitekten-Zirkels mit der Vorgabe, den Prozess CMMI-Konform aufzustellen.
	Einführung eines Qualitätsmanagement-Prozesses/-Systems	ISO/IEC 90003:2004-Zertifizierung (Anm.: Vergleichbar mit CMMI Level 2-3)	Erfolgreiche ISO-Zertifizierung Ende 2012	TaskForce bilden, welche die Zertifizierungsgrundlagen schafft.
	Beherrschen neuer und innovativer Technologien	Anzahl MA, welche nachweislich Know-how in neuen/innovativen Bereichen (bspw. .NET 4.0/WPF/WCF/BLEND/Silverlight) aufgebaut haben.	>66%	MA werden rollierend in innovativen Projekten eingesetzt. MA werden in neuen Technologien geschult & zertifiziert.
Perspektive	**Ziele**	**Kennzahl**	**Vorgabe**	**Maßnahme**
Mitarbeiter & Lernen Welche Ziele sind hinsichtlich unserer Potenziale zu setzen, um den aktuellen und zukünftigen Herausforderungen gewachsen zu sein?	Innovativer Anbieter von SW-Lösungen	Durchgeführte Projekte mit neuester oder Beta-Technologie	>10%	Chefarchitekten beobachten die Entwicklung & forcieren Einsatz innovativer Technologien.
	Mitarbeiterbindung (Know-how im Unternehmen halten)	Fluktuationsrate	<5%	MA-Zufriedenheitsumfrage durchführen um Defizite zu identifizieren. Mitarbeiterzufriedenheitsprogramm aufsetzen. Min. 2 MA-Veranstaltungen/Jahr. Angenehmes Arbeitsumfeld schaffen.
	Verbesserung der MA-Qualifikation	Anzahl Neuzertifizierungen pro MA	min. 1 Neuzertifizierung / Jahr	Jeder MA wird durch Schulungen (in- oder extern durchgeführt) in die Lage versetzt und angewiesen, mindestens eine Zertifizierung pro Jahr durchzuführen (MS certified Professional/Sun certified java programmer/etc.).
	Bedarf an qualifizierten MA decken	Alle Projekte können mit festangestellten MA besetzt werden	95% aller im Einsatz befindlichen MA sind festangestellte	Rekrutierungsprogramm für Neuanstellungen auflegen. Ausbildungsquote erhöhen.
	Projekte, die mit aktuellen Technologien realisiert werden	Anzahl MA die im Kerngeschäft mit aktueller Technologie arbeiten	>75%	Vertriebsprogramm „alt vs. neu" erstellen. MA-Qualifikationsprogramm mit Fokus auf Kerngeschäft starten.
Perspektive	**Ziele**	**Kennzahl**	**Vorgabe**	**Maßnahme**

Partner Welche Ziele sind hinsichtlich unserer Partner zu setzen, um diese langfristig an uns zu binden und den gegenseitigen Nutzen zu maximieren?	Microsoft-Gold-Partnerschaft besser nutzen	Erhöhung Anteil an Projekten, welche in Verbindung mit MS stehen	>20%	Mehr Kontakte zu MS aufbauen. Bei MS stärkere Einbindung forcieren. Direkte Kontakte ausbauen (Networking). Vertrieb auch auf MS ansetzen. Referenzprojekte mit MS anstoßen und vermarkten.
	SAP-Partnerschaft besser nutzen	Erhöhung Anteil an Java-SAP (ABAP)-Projekten, welche im SAP-Umfeld unserer Kunden durchgeführt werden	min. 1 neues Projekt / Jahr	Mehr Kontakte zu SAP aufbauen. Bei SAP stärkere Einbindung forcieren. Direkte Kontakte ausbauen (Networking). Vertrieb auch auf SAP ansetzen. Referenzprojekte mit SAP anstoßen und vermarkten.
	Erhöhung AE-Projekte mit Bezug/Anbindung an SAP	Anzahl "Schnittstellenprojekte" (.NET oder JAVA an SAP)	>5% der SAP-Projekte. Anzahl Kunden im SAP- und SW-Entwicklungs-Umfeld	Kundenbearbeitung hinsichtlich "Schnittstellenprojekte" gemeinsam mit den Marktbereichen angehen. Informationen und Unterstützung von Partnern hinsichtlich deren Schnittstellen zueinander abfragen.

Tabelle B1: Messgrößen und Zieldefinitionen für die BSC der BU SD mit einem Horizont von einem Jahr

C Zusätzliche Abbildungen

C.1 Übersicht klassischer Organisationsformen

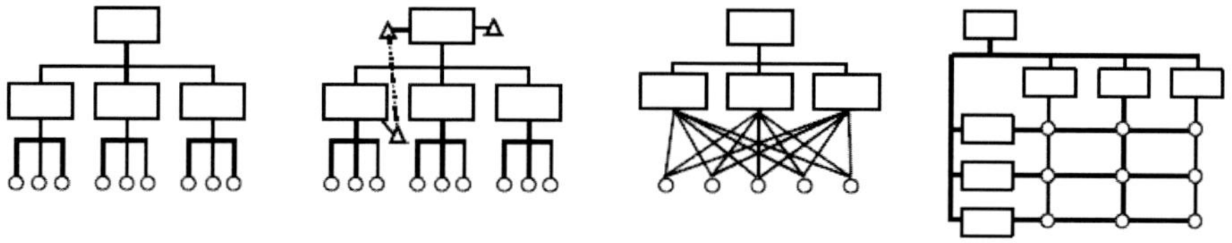

Linienorganisation	Stab-Linien-Organisation	Mehrlinien-Organisation	Matrix-Organisation
Kurzcharakteristik: Klassische Organisationspyramide, die auf dem Prinzip der Einheit der Auftragserteilung beruht. Kommunikation erfolgt i. d. R. nur vertikal	Kurzcharakteristik: Ergänzung der Linienorganisation durch Stabsstellen ohne Weisungsbefugnis, die die jeweilige Linieninstanz unterstützen	Kurzcharakteristik: Weisung nach dem Funktionsmeisterprinzip, also nur durch entsprechend spezialisierte Vorgesetzte. Es entsteht die Situation der Mehrfachunterstellung	Kurzcharakteristik: Organisation wird anhand mehrerer Kriterien strukturiert (z. B. Verrichtungen, Objekte, Regionen, Projekte usw.). Dadurch entsteht eine mehrdimensionale Struktur
Vorteile: - einfach/übersichtlich - eindeutige Festlegung der Kompetenzen, Kommunikationsbeziehungen und Unterstellungsverhältnisse Nachteile: - lange Instanzenwege - Überlastung der Leitung - mögliche Informationsfilterung - Überbetonung der Positionsmacht	Vorteile: - Entlastung der Leitungseinheiten durch Stäbe - eindeutige Festlegung der Kompetenzen, Kommunikationsbeziehungen und Unterstellungsverhältnisse Nachteile: - Frustration der Stäbe - Verlust der Transparenz des Entscheidungsprozesses - informationelle Abhängigkeit der Instanz vom Stab	Vorteile: - Abkürzung/Flexibilisierung der Anordnungswege - Entlastung der Leitungsspitze - Spezialisierung der Instanzen Nachteile: - komplexe Struktur - Überschneidung der Zuständigkeiten möglich - Koordinationsprobleme bei großen Unternehmen - mögliche Konkurrenz der Fachabteilungen	Vorteile: - direkte Wege - Verringerung von Stab-Linien-Konflikten - Vermeidung einseitiger Entscheidungen Nachteile: - Kompetenzüberschneidungen - hoher Kommunikations- und Führungskräftebedarf - Gefahr von zu vielen Kompromissen - Tendenz zur Bürokratie

SCHÄFFER POESCHEL

Abbildung C1: Klassische[200] Strukturtypen der Aufbauorganisation[201]

[200] Bspw. Bamberger (2004 S. 302) betrachtet die aufgeführten Organisationsformen als die „klassischen". Zu den neueren Strukturformen zählt er die Prozessorganisation und die Netzwerkorganisation.

[201] Entnommen aus (Vahs, et al., 2005 S. 300), auch zitiert in (Gaubinger, et al., 2009 S. 336).

C.2 Projektorganisationsformen

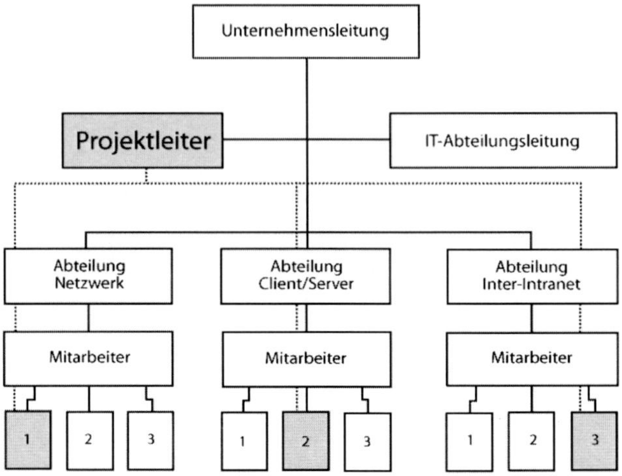

Abbildung C2: Stabs- bzw. Einfluss-Projektorganisation[202]

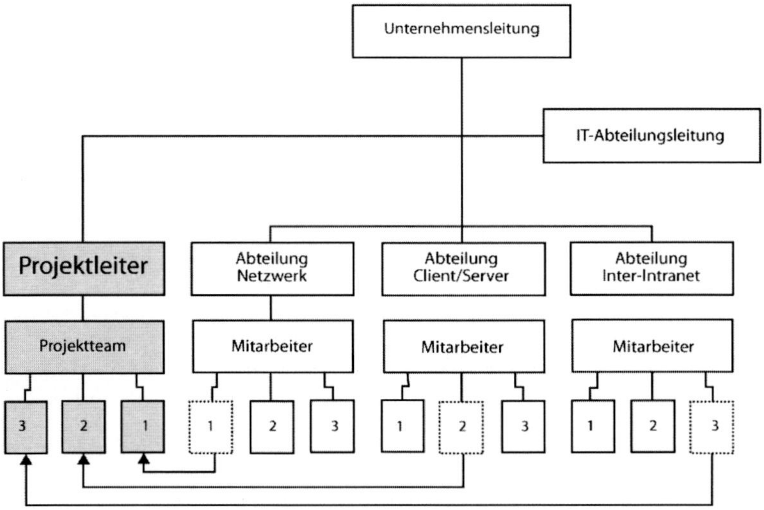

Abbildung C3: Reine Projektorganisation[203]

[202] Entnommen aus (Frölich, et al., 2002 S. 140).
[203] Entnommen aus ebd. (S. 138).

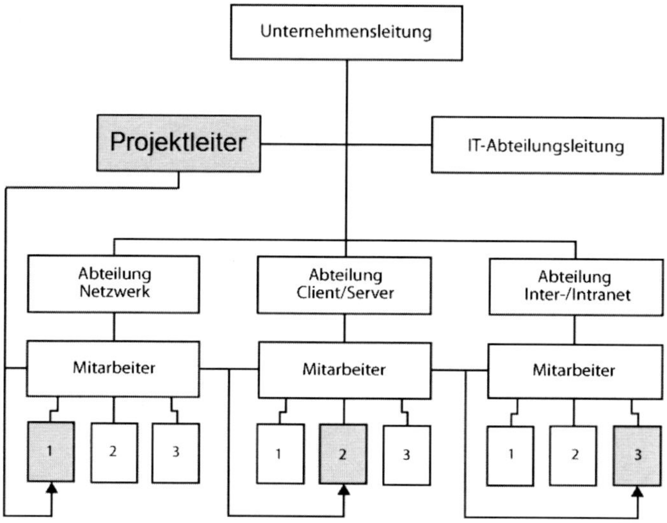

Abbildung C4: Matrix-Projektorganisation[204]

D Prozessbeschreibungen

D.1 Beratungsprojekt

Auf den folgenden Seiten werden die Abläufe im Zusammenhang mit einem Beratungsprojekt dargestellt. Zuerst wird mittels einer Swimlane-Darstellung eine grafische Übersicht über den Prozess gezeigt, gefolgt von einer detaillierten Prozessablaufbeschreibung, welche die einzelnen Elemente genauer erläutert.

Diese Darstellungen bzw. Abläufe, genauso wie die in Anlage D.2 folgenden, wurden mit der Prozessmodellierungssoftware Sycat erstellt. Sycat ist eine Software zu Analyse, Optimierung, Modellierung, Simulation und Dokumentation von Geschäfts- und Betriebsprozessen, hergestellt von der Firma binner IMS GmbH. Weitere Informationen über Sycat können im Internet unter www.Sycat.de abgerufen werden.

[204] Entnommen aus (Frölich, et al., 2002 S. 141).

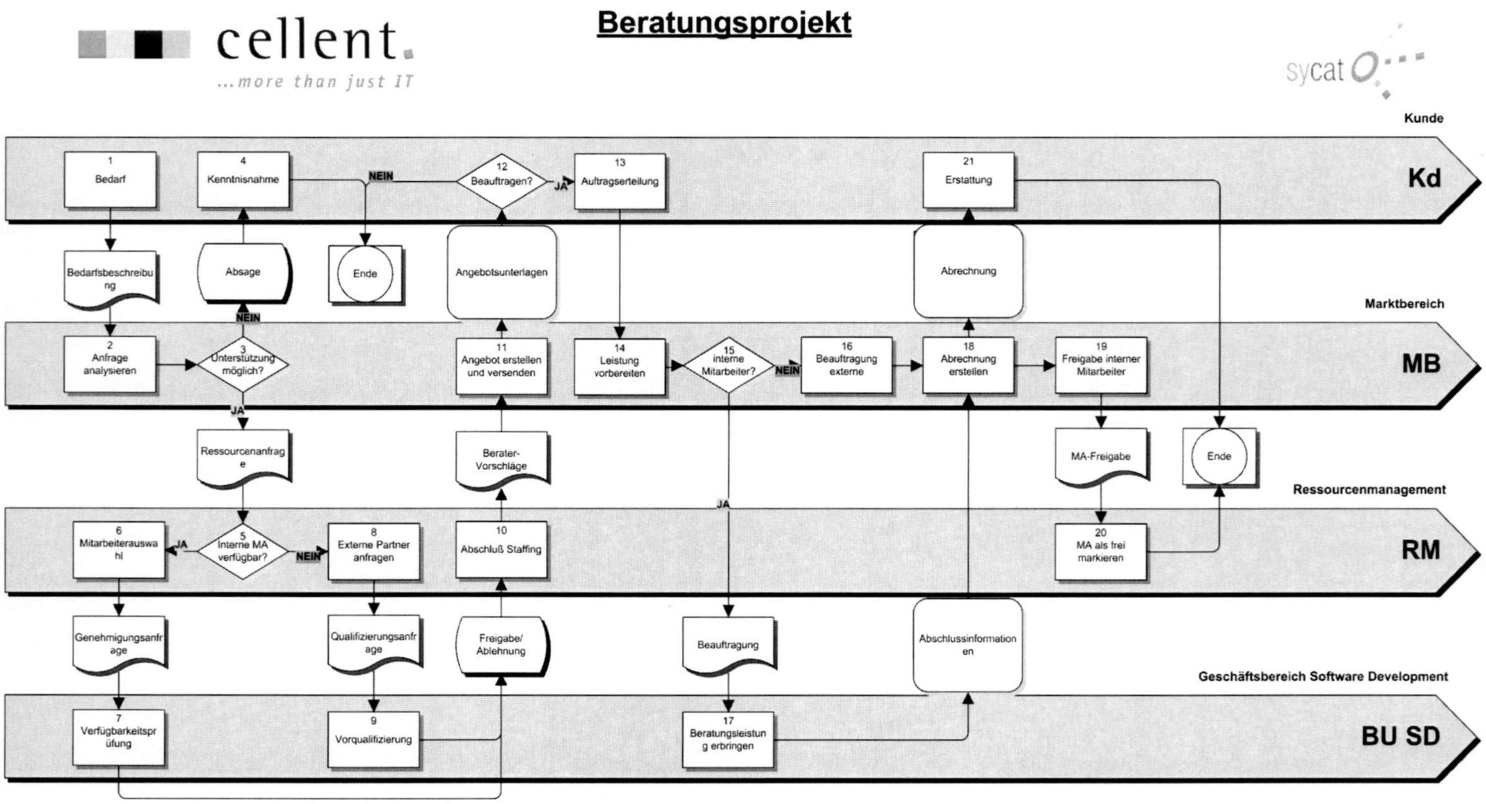

Abbildung D1: Mit Sycat modellierte Prozesskette eines Beratungsprojektes

Nr	Funktion	Verantwortung	
		D durchführend M wirkt mit z zustimmend V verantwortlich I wird informiert	← Input → Output

Prozess: Beratungsprojekt

Kunde hat Bedarf an einem Mitarbeiter mit einer speziellen Qualifikation; es handelt sich um eine Beratungsprojekt.

Status: in Bearbeitung

V Geschäftsbereich Software Development, (BU SD)

---

1 Kunde hat Bedarf an externer Beratungsleistung — **FB: Kunde**

weiter zu 2

D = Kundenmitarbeiter (KdMA)

→ Bedarfsbeschreibung
Beschreibung der konkreten zu erbringenden Unterstützungsleistung, bspw. durch ein gewünschtes MA-Skillprofil.

---

2 Anfrage des Kunden analysieren — **FB: Marktbereich**

Anm.: KV überprüft die angefragte Beratungsleistung.

weiter zu 3

D = Kundenverantwortlicher (KV)

← Bedarfsbeschreibung
Beschreibung der konkreten zu erbringenden Unterstützungsleistung, bspw. durch ein gewünschtes MA-Skillprofil.

---

3 Unterstützung durch cellent möglich? — **FB: Marktbereich**

Anm.: KV prüft, ob die Anfrage Deckung mit dem Leistungsportfolio der cellent hat und abbildbar ist (Leistungsumfang, Kosten- und Zeit-Rahmen, rechtliches, etc.).

Ja:
weiter zu 5
Nein:
weiter zu 4

D = Kundenverantwortlicher (KV)

→ [Nein] Absage
Schriftliche Absage, dass cellent keine Unterstützung bei diesem Problem anbieten kann.

→ [Ja] Ressourcenanfrage
Beim Ressourcenmanagement werden passende Mitarbeiter / ein passender Mitarbeiter angefordert.

---

4 Kenntnisnahme — **FB: Kunde**

Anm.: Kunde nimmt die Absage zur Kenntnis.

I = Kundenmitarbeiter (KdMA)

← [Nein] Absage
Schriftliche Absage, dass cellent keine Unterstützung bei diesem Problem anbieten kann.

Nr	Funktion	Verantwortung	
		D durchführend M wirkt mit z zustimmend V verantwortlich I wird informiert	← Input → Output

'Ende'

---

5 **Interne MA verfügbar?** — **FB: Ressourcenmanagement**

Anm.: RM prüft Pool an internen Mitarbeitern und externen Partnern (Freelancer) und wählt passende/n, verfügbare/n Mitarbeiter/Partner aus.

Ja: weiter zu 6
Nein: weiter zu 8

D = RessourcenManagement-Mitarbeit (RMMA)

← [Ja] Ressourcenanfrage
Beim Ressourcenmanagement werden passende Mitarbeiter / ein passender Mitarbeiter angefordert.

---

6 **Mitarbeiterauswahl** — **FB: Ressourcenmanagement**

Anm.: RMMA geht auf die entsprechenden Teamleiter zu mit der Bitte um Genehmigung.

weiter zu 7

D = RessourcenManagement-Mitarbeit (RMMA)

→ Genehmigungsanfrage
Anfrage, ob der/die MA für die Beratungsaufgabe (Technologie, Zeitraum, Skill-Level, etc.) verfügbar ist/sind.

---

7 **Verfügbarkeitsprüfung** — **FB: Geschäftsbereich Software Development**

Anm.: TL prüfen, ob MA für die Aufgabe persönlich, fachlich, methodisch und in Bezug auf die vereinbarte Personalentwicklung in Frage kommt/kommen.

weiter zu 10

z = Teamleiter (TL)

← Genehmigungsanfrage
Anfrage, ob der/die MA für die Beratungsaufgabe (Technologie, Zeitraum, Skill-Level, etc.) verfügbar ist/sind.

→ Freigabe/Ablehnung
Freigaben/Ablehnungen der TL zu den jeweils angefragten Mitarbeitern.

---

8 **Externe Partner anfragen** — **FB: Ressourcenmanagement**

Anm.: RM geht auf die entsprechenden Partner zu und fragt bzgl. Einsatz nach.

weiter zu 9

D = RessourcenManagement-Mitarbeit (RMMA)

Nr	Funktion	Verantwortung	
		D durchführend M wirkt mit z zustimmend V verantwortlich I wird informiert	← Input → Output

→ Qualifizierungsanfrage
Qualifizierungsanfrage an den Leistungsbereich, zur Prüfung des externen Partners bzgl. seiner fachlichen Skills.

9 Vorqualifizierung — **FB: Geschäftsbereich Software Development**

Anm.: Prüfung des externen Partners auf Eignung für die Beratungsanfrage (meist telefonisch).

weiter zu 10

D = Teamleiter (TL)
D = Projektleiter (PL)

← Qualifizierungsanfrage
Qualifizierungsanfrage an den Leistungsbereich, zur Prüfung des externen Partners bzgl. seiner fachlichen Skills.

→ Freigabe/Ablehnung
Freigaben/Ablehnungen der TL zu den jeweils angefragten Mitarbeitern.

10 Abschluß Staffing — **FB: Ressourcenmanagement**

Anm.: RMMA verknüpft die zurückgekommenen Freigaben/Ablehnungen der TL, stellt ein Projektteam zusammen und setzt die betroffenen Mitarbeiter in der internen Kapazitäten-Liste auf nicht verfügbar, ggf. auf nicht verfügbar ab [DATUM].

weiter zu 11

D = RessourcenManagement-Mitarbeit (RMMA)

← Freigabe/Ablehnung
Freigaben/Ablehnungen der TL zu den jeweils angefragten Mitarbeitern.

→ Berater-Vorschläge
Zusammenstellung der verfügbaren, geeigneten Berater, die dem Kunden angeboten werden können..

11 Angebot erstellen und versenden — **FB: Marktbereich**

Anm.: Angebot wird kundengerecht aufgearbeitet und erstellt.

weiter zu 12

D = Kundenverantwortlicher (KV)

← Berater-Vorschläge
Zusammenstellung der verfügbaren, geeigneten Berater, die dem Kunden angeboten werden können..

→ AGB

→ Angebotsunterlagen
Alle für ein seriöses Angebot erforderlichen Unterlagen.

Nr	Funktion	Verantwortung	
		D durchführend M wirkt mit z zustimmend V verantwortlich I wird informiert	← Input → Output
			→ Kostenvoranschlag
12	**Beauftragen?** Anm.: Kunde prüft Angebot und entscheidet über Beauftragung		**FB: Kunde**
Ja: weiter zu 13	'Ende'	V = Kundenmitarbeiter (KdMA)	← AGB ← Angebotsunterlagen Alle für ein seriöses Angebot erforderlichen Unterlagen. ← Kostenvoranschlag
13	**Auftragserteilung** Anm.: Kunde erteilt den Auftrag, einen oder mehrere Berater für ihn bereitzustellen.		**FB: Kunde**
weiter zu 14		D = Kundenmitarbeiter (KdMA)	
14	**Leistung vorbereiten** Anm.: Auftrag im ERP-System anlegen, Ressourcenallokation auslösen, Erstellung der Einsatzplanung und information an die/den Berater über deren Aufgabe.		**FB: Marktbereich**
weiter zu 15		D = Kundenverantwortlicher (KV)	
15	**interne Mitarbeiter?** Anm.: KV prüft, ob die beauftragten MA interne oder Partner sind.		**FB: Marktbereich**
Ja: weiter zu 17 Nein: weiter zu 16		D = Kundenverantwortlicher (KV)	→ [Ja] Beauftragung Informationen vom KV bzgl. auszuführender Tätigkeit, Kunde, Ansprechpartner, Einsatzplanung, etc.
16	**Beauftragung externe** Anm.: KV beauftragt externe Partner.		**FB: Marktbereich**
weiter zu 18		D = Kundenverantwortlicher (KV)	
17	**Beratungsleistung erbringen** Anm.: Beratungsleistung erbringen, i.d.R. beim Kunden vor Ort.		**FB: Geschäftsbereich Software Development**
weiter zu 18			

Nr	Funktion	Verantwortung	
		D durchführend M wirkt mit z zustimmend V verantwortlich I wird informiert	← Input → Output
		D = Anwendungsentwickler (MA) M = Kundenmitarbeiter (KdMA) I = Kundenverantwortlicher (KV)	← [Ja] Beauftragung Informationen vom KV bzgl. auszuführender Tätigkeit, Kunde, Ansprechpartner, Einsatzplanung, etc. → Abrechnungsinformationen Stundenaufstellungen für Abrechnung. → Abschlussbericht Informationen zum Verlauf und zum Ausgang der Softwareentwicklung. → Abschlussinformationen Enthält Abschlussbericht und Zeiterfassung.
18	**Abrechnung erstellen** Anm.: Rechnung an den Kunden verschicken.		**FB: Marktbereich**
weiter zu 19 weiter zu 21		D = Kundenverantwortlicher (KV)	← Abrechnungsinformationen Stundenaufstellungen für Abrechnung. ← Abschlussbericht Informationen zum Verlauf und zum Ausgang der Softwareentwicklung. ← Abschlussinformationen Enthält Abschlussbericht und Zeiterfassung. → Abrechnung → Rechnung → Tätigkeitsnachweis Stundenzettel
19	**Freigabe interner Mitarbeiter** Anm.: Interne Mitarbeiter werden für die weitere Verwendung freigegeben.		**FB: Marktbereich**
weiter zu 20		D = Kundenverantwortlicher (KV)	→ MA-Freigabe Freigabeinformation zu den betroffenen Mitarbeitern (Verfügbarkeitszeitpunkt).

Nr	Funktion	Verantwortung	
		D durchführend M wirkt mit z zustimmend V verantwortlich I wird informiert	← Input → Output
20	**MA als frei markieren**		**FB: Ressourcenmanagement**
Anm.:	Mitarbeiter werden auf verfügbar gesetzt		
		D = RessourcenManagement-Mitarbeit (RMMA) V = Kundenverantwortlicher (KV)	
			← MA-Freigabe Freigabeinformation zu den betroffenen Mitarbeitern (Verfügbarkeitszeitpunkt).
	'Ende'		
21	**Erstattung**		**FB: Kunde**
Anm.:	Kunde zahlt		
		V = Kundenmitarbeiter (KdMA)	
			← Abrechnung
			← Rechnung
			← Tätigkeitsnachweis Stundenzettel
	'Ende'		

D.2 Entwicklungsprojekt

Auf den nachfolgenden Seiten werden die Abläufe im Zusammenhang mit einem Entwicklungsprojekt dargestellt. Begonnen wird mit einer grafischen Prozessübersicht in Form einer Swimlane-Darstellung, welche wie im vorangegangenen Kapitel von einer Prozessablaufbeschreibung ergänzt wird, die die einzelnen Elemente genauer beschreibt. Beim Vergleich der beiden Prozessmodelle fällt bereits auf, dass ein Entwicklungsprojekt komplexer ist als ein Beratungsprojekt. Dieser Unterschied bestätigt sich bei der Durchsicht der Prozessablaufbeschreibung.

Genauso wie beim Beratungsprojekt wurden auch diese Darstellungen bzw. Abläufe mit der Prozessmodellierungssoftware Sycat erstellt (vgl. Anhang D.1).

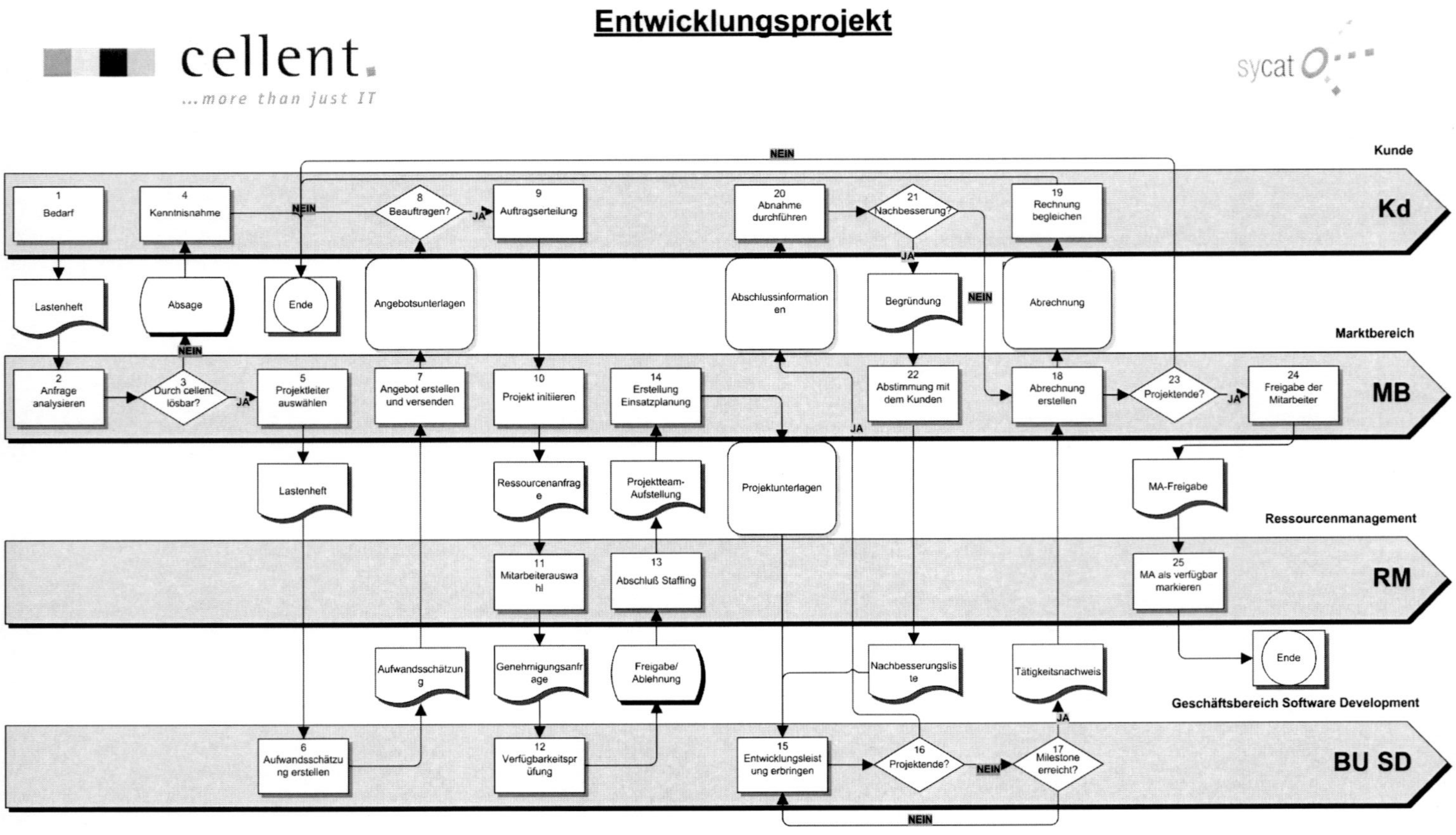

Abbildung D2: Mit Sycat modellierte Prozesskette eines Entwicklungsprojektes

Nr **Funktion** **Verantwortung**

D durchführend
M wirkt mit
z zustimmend
V verantwortlich
I wird informiert

← Input
→ Output

Prozess: Entwicklungsprojekt

Software-Entwicklungsprojekt mit einem definierten Leistungsumfang zu einem vereinbarten Preis.

Status: freigegeben

V Geschäftsbereichsleiter, (Gbl)

---

1 **Kunde hat Bedarf an externer Entwicklungsleistung** **FB: Kunde**

weiter zu 2

D = Kundenmitarbeiter (KdMA)

→ Lastenheft
Hier ist der vom Kunden gewünschte Leistungsumfang skizziert.

---

2 **Anfrage des Kunden analysieren** **FB: Marktbereich**

Anm.: Die Kundenverantwortlichen der Marktbereiche prüfen die Anfrage auf Machbarkeit i.S.d. cellent-Portfolios.

weiter zu 3

D = Kundenverantwortlicher (KV)

← Lastenheft
Hier ist der vom Kunden gewünschte Leistungsumfang skizziert.

---

3 **Durch cellent lösbar?** **FB: Marktbereich**

Anm.: Kundenverantwortlicher prüft, ob die Fragestellung überhaupt Deckung mit dem Leistungsportfolio der cellent hat.

Ja:
weiter zu 5
Nein:
weiter zu 4

D = Kundenverantwortlicher (KV)

→ [Nein] Absage
Schriftliche Absage, dass cellent keine Unterstützung bei diesem Problem anbieten kann.

Nr	Funktion	Verantwortung	
		D durchführend M wirkt mit z zustimmend V verantwortlich I wird informiert	← Input → Output

4 Kenntnisnahme — **FB: Kunde**

Anm.: Kunde nimmt die Absage zur Kenntnis.

← [Nein] Absage
Schriftliche Absage, dass cellent keine Unterstützung bei diesem Problem anbieten kann.

'Ende'

5 Projektleiter auswählen — **FB: Marktbereich**

Anm.: KV sucht auf Basis der Anforderungs-Eckdaten einen geeigneten, INTERNEN Projektleiter für die Aufwandsabschätzung. Hinweis: für derartige auftragsqualifizierende Maßnahmen müssen Projektleiter kurzzeitig immer verfügbar sein!

weiter zu 6

D = Kundenverantwortlicher (KV)

→ Lastenheft
Hier ist der vom Kunden gewünschte Leistungsumfang skizziert.

6 Aufwandsschätzung erstellen — **FB: Geschäftsbereich Software Development**

Anm.: Auf Basis des Kunden-Lastenheftes wird eine Aufwandsschätzung für die gewünschte Software erstellt. Hinweis: Bei großen und/oder technologisch fragwürdigen Aufgabenstellungen wird diese Phase in Abstimmung mit dem Kunden um eine bezahlte Konzeptions-/POC-Phase erweitert (sog. Proof of Concept, zu dt. Machbarkeitsstudie).

weiter zu 7

D = Projektleiter (PL)

← Lastenheft
Hier ist der vom Kunden gewünschte Leistungsumfang skizziert.

→ Aufwandsschätzung
Aufwandsschätzung für die gewünschte Software. Bei großen und/oder technologisch fragwürdigen Aufgabenstellungen enthält diese Aufwandsschätzung auch noch eine Grobkonzeption bzw. das Ergebnis des POC.

Nr	Funktion	Verantwortung	
		D durchführend M wirkt mit z zustimmend V verantwortlich I wird informiert	← Input → Output

7 **Angebot erstellen und versenden** — **FB: Marktbereich**

Anm.: Aufwandsschätzung wird kundengerecht (Rahmenverträge, Preise, Formalitäten, etc.) aufgearbeitet und Angebot erstellt und versendet.

weiter zu 8

D = Kundenverantwortlicher (KV)

← Aufwandsschätzung
Aufwandsschätzung für die gewünschte Software. Bei großen und/oder technologisch fragwürdigen Aufgabenstellungen enthält diese Aufwandsschätzung auch noch eine Grobkonzeption bzw. das Ergebnis des POC.

→ AGB

→ Angebotsunterlagen
Alle für ein seriöses Angebot erforderlichen Unterlagen.

→ Kostenvoranschlag

8 **Beauftragen?** — **FB: Kunde**

Anm.: Kunde prüft Angebot und entscheidet über eine Beauftragung.

Ja:
weiter zu 9

V = Kundenmitarbeiter (KdMA)

← AGB

← Angebotsunterlagen
Alle für ein seriöses Angebot erforderlichen Unterlagen.

← Kostenvoranschlag

Nr	Funktion	Verantwortung	
		D durchführend M wirkt mit z zustimmend V verantwortlich I wird informiert	← Input → Output

'Ende'

9 Auftragserteilung — **FB: Kunde**

Anm.: Kunde erteilt den Auftrag zur Erstellung der Software.

weiter zu 10

D = Kundenmitarbeiter (KdMA)

10 Projekt initiieren — **FB: Marktbereich**

Anm.: Auftrag im ERP-System anlegen, Ressourcenanfrage auslösen

weiter zu 11

D = Kundenverantwortlicher (KV)

→ Ressourcenanfrage
Beim Ressourcenmanagement werden passende Mitarbeiter / ein passender Mitarbeiter angefordert.

11 Mitarbeiterauswahl — **FB: Ressourcenmanagement**

Anm.: RM prüft MA-Pool und wählt passende, verfügbare Mitarbeiter aus und geht auf die entsprechenden Teamleiter zu mit der Bitte um Genehmigung.

weiter zu 12

D = RessourcenManagement-Mitarbeit (RMMA)

← Ressourcenanfrage
Beim Ressourcenmanagement werden passende Mitarbeiter / ein passender Mitarbeiter angefordert.

→ Genehmigungsanfrage
RM fragt bei den betroffenen Teamleitern an, ob die MA für das Projekt (Aufgabe, Zeitraum, Skill-Level, etc.) verfügbar sind.

Nr	Funktion	Verantwortung	
		D durchführend M wirkt mit z zustimmend V verantwortlich I wird informiert	← Input → Output

12 Verfügbarkeitsprüfung — **FB: Geschäftsbereich Software Development**

Anm.: TL prüfen, ob MA für die Aufgabe persönlich, fachlich, methodisch und in Bezug auf die vereinbarte Personalentwicklung in Frage kommen.

weiter zu 13

z = Teamleiter (TL)

← Genehmigungsanfrage
RM fragt bei den betroffenen Teamleitern an, ob die MA für das Projekt (Aufgabe, Zeitraum, Skill-Level, etc.) verfügbar sind.

→ Freigabe/Ablehnung
Freigaben/Ablehnungen der TL zu den jeweils angefragten Mitarbeitern.

13 Abschluß Staffing — **FB: Ressourcenmanagement**

Anm.: RM verknüpft die zurückgekommenen Freigaben/Ablehnungen der TL, stellt ein Projektteam zusammen und setzt die betroffenen Mitarbeiter in der internen Kapazitäten-Liste auf nicht verfügbar, ggf. auf nicht verfügbar ab [DATUM].

weiter zu 14

D = RessourcenManagement-Mitarbeit (RMMA)

← Freigabe/Ablehnung
Freigaben/Ablehnungen der TL zu den jeweils angefragten Mitarbeitern.

→ Projektteam-Aufstellung
Aufstellung vom RM über die das Projekt durchführende Mannschaft.

14 Erstellung Einsatzplanung — **FB: Marktbereich**

Anm.: KV erstellt auf Basis des vom RM gemeldeten Projektteams die Einsatzplanung und informiert die Projektteammitglieder über deren Aufgabe.

weiter zu 15

Nr	Funktion	Verantwortung	
		D durchführend M wirkt mit z zustimmend V verantwortlich I wird informiert	← Input → Output

D = Kundenverantwortlicher (KV)

← Projektteam-Aufstellung
Aufstellung vom RM über die das Projekt durchführende Mannschaft.

→ Aufwandsschätzung
Aufwandsschätzung für die gewünschte Software. Bei großen und/oder technologisch fragwürdigen Aufgabenstellungen enthält diese Aufwandsschätzung auch noch eine Grobkonzeption bzw. das Ergebnis des POC.

→ Einsatzplanung
Die zeitliche Planung der MItarbeiter über den Projektverlauf.

→ Lastenheft
Hier ist der vom Kunden gewünschte Leistungsumfang skizziert.

→ Projektunterlagen
Sämtliche Informationen über das Entwicklungsprojekt.

15 Entwicklungsleistung erbringen — **FB: Geschäftsbereich Software Development**

Anm.: Entwicklungsleistung erbringen, d.h. Erstellung der Software (Feinspezifikation i.V.m. den Fachbereichen/dem Kunden erstellen, Codieren der Anforderungen, Testing, Dokumentation, etc.), i.d.R. beim Kunden vor Ort.

weiter zu 16

D = Anwendungsentwickler (MA)
M = Kundenmitarbeiter (KdMA)
V = Projektleiter (PL)

Nr	Funktion	Verantwortung	
		D durchführend M wirkt mit z zustimmend V verantwortlich I wird informiert	← Input → Output

← Aufwandsschätzung
Aufwandsschätzung für die gewünschte Software. Bei großen und/oder technologisch fragwürdigen Aufgabenstellungen enthält diese Aufwandsschätzung auch noch eine Grobkonzeption bzw. das Ergebnis des POC.

← Einsatzplanung
Die zeitliche Planung der MItarbeiter über den Projektverlauf.

← Lastenheft
Hier ist der vom Kunden gewünschte Leistungsumfang skizziert.

← Nachbesserungsliste
Vom KV mit dem Kunden erstellte Nachbesserungsliste.

← Projektunterlagen
Sämtliche Informationen über das Entwicklungsprojekt.

◇ **16** **Projektende?**

FB: Geschäftsbereich Software Development

Anm.: Wurde die Entwicklungsleistung vollständig erbracht?

Ja:
weiter zu 20
Nein:
weiter zu 17

V = Projektleiter (PL)

→ [Ja] Abrechnungsinformationen
Stundenaufstellungen für Abrechnung.

→ [Ja] Abschlussbericht
Informationen zum Verlauf und zum Ausgang der Softwareentwicklung.

→ [Ja] Abschlussinformationen
Enthält Abschlussbericht und Zeiterfassung.

Nr	Funktion	Verantwortung	
		D durchführend M wirkt mit z zustimmend V verantwortlich I wird informiert	← Input → Output

17 **Milestone erreicht?** — **FB: Geschäftsbereich Software Development**

Anm.: Wurde ein Milestone in dem Entwicklungsprojekt erreicht?

Ja:
weiter zu 18
Nein:
weiter zu 15

V = Projektleiter (PL)

→ [Ja] Tätigkeitsnachweis Stundenzettel

18 **Abrechnung erstellen** — **FB: Marktbereich**

Anm.: Rechnung erstellen und an den Kunden verschicken.

weiter zu 19
weiter zu 23

D = Kundenverantwortlicher (KV)

← [Ja] Tätigkeitsnachweis Stundenzettel

→ Abrechnung

→ Rechnung

→ Tätigkeitsnachweis Stundenzettel

19 **Rechnung begleichen** — **FB: Kunde**

Anm.: Kunde weist Zahlung an.

V = Kundenmitarbeiter (KdMA)

← Abrechnung

← Rechnung

Nr	Funktion	Verantwortung	
		D durchführend M wirkt mit z zustimmend V verantwortlich I wird informiert	← Input → Output

← Tätigkeitsnachweis
Stundenzettel

'Ende'

20 **Abnahme durchführen** — **FB: Kunde**

Anm.: Kunde testet die gelieferte Software auf Korrektheit.

weiter zu 21

D = Kundenmitarbeiter (KdMA)
M = Projektleiter (PL)

← [Ja] Abrechnungsinformationen
Stundenaufstellungen für Abrechnung.

← [Ja] Abschlussbericht
Informationen zum Verlauf und zum Ausgang der Softwareentwicklung.

← [Ja] Abschlussinformationen
Enthält Abschlussbericht und Zeiterfassung.

21 **Nachbesserung?** — **FB: Kunde**

Anm.: Kunde hat Nachbesserungsforderungen.

Ja:
weiter zu 22
Nein:
weiter zu 18

V = Kundenmitarbeiter (KdMA)

→ [Ja] Begründung
Informationen über Nachbudgetierung, Problemlösung, Konfliktgespräche, etc.

Nr	Funktion	Verantwortung	
		D durchführend M wirkt mit z zustimmend V verantwortlich I wird informiert	← Input → Output

22 Abstimmung mit dem Kunden — **FB: Marktbereich**

Anm.: KV stimmt Nachbesserungsbegehren mit dem Kunden ab.

weiter zu 15

M = Projektleiter (PL)
z = Kundenmitarbeiter (KdMA)
V = Kundenverantwortlicher (KV)

← [Ja] Begründung
Informationen über Nachbudgetierung, Problemlösung, Konfliktgespräche, etc.

→ Nachbesserungsliste
Vom KV mit dem Kunden erstellte Nachbesserungsliste.

23 Projektende? — **FB: Marktbereich**

Anm.: KV prüft, ob Projekt erfolgreich abgeschlossen wurde.

Ja:
weiter zu 24

D = Kundenverantwortlicher (KV)

'Ende'

24 Freigabe der Mitarbeiter — **FB: Marktbereich**

Anm.: Mitarbeiter werden für die nächsten Einsätze freigegeben.

weiter zu 25

V = Kundenverantwortlicher (KV)

→ MA-Freigabe
Freigabeinformation zu den betroffenen Mitarbeitern (Verfügbarkeitszeitpunkt).

Nr	Funktion	Verantwortung	
		D durchführend M wirkt mit z zustimmend V verantwortlich I wird informiert	← Input → Output

25 **MA als verfügbar markieren** **FB: Ressourcenmanagement**

Anm.: Mitarbeiter werden in der Kapazitäten-Liste auf verfügbar gesetzt, ggf. mit verfügbar ab Datum.

D = RessourcenManagement-Mitarbeit (RMMA)

← MA-Freigabe
Freigabeinformation zu den betroffenen Mitarbeitern (Verfügbarkeitszeitpunkt).

'Ende'

Literaturverzeichnis

Allison, Graham T. 1971. *Essence of decision; explaining the Cuban missile crisis.* Boston : Little Brown, 1971. ISBN 0673394123.

Ansoff, Igor H. 1965. *Corporate strategy: an analytic approach to business policy for growth and expansion.* s.l. : McGraw-Hill, 1965. ISBN 9780070021112.

Baier, Peter. 2008. *Praxishandbuch Controlling : Controllinginstrumente, Unternehmensplanung und Reporting.* zweite, aktualisierte und erweiterte Auflage. München : MI Wirtschaftsbuch, 2008. ISBN 9783636030986.

Bamberger, Ingolf und Wrona, Thomas. 2004. *Strategische Unternehmensführung.* München : Vahlen, 2004. ISBN 9783800630332.

Bleicher, Knut. 1994. *Normatives Management : Politik, Verfassung und Philosophie des Unternehmens.* Frankfurt a.M. : Campus-Verlag, 1994. ISBN 3593350696.

Bogedan, Claudia, Brehmer, Wolfram und Herzog-Stein, Alexander. 2009. *Betriebliche Beschäftigungssicherung in der Krise. Eine Kurzauswertung der WSI-Betriebsrätebefragung.* Wirtschafts- und Sozialwissenschaftliches Forschungsinstitut in der Hans-Böckler-Stiftung. s.l. : Hans-Böckler-Stiftung, 2009.

Bühner, Rolf. 2004. *Betriebswirtschaftliche Organisationslehre.* 10., bearbeitete Auflage. München : Oldenbourg Wissenschaftsverlag, 2004. ISBN 3486275003.

Burnes, Bernard. 2009. *Managing Change.* fünfte, illustrierte Auflage. s.l. : Pearson Education, 2009. ISBN 9780273711742.

Capgemini Consulting. 2009. *Umsetzung von Strategieänderungen durch Projektmanagement.* München : s.n., Dezember 2009. Die Wirtschaftskrise als Testfall.

cellent AG. 2009. cellent ...more than just IT. *Unternehmen - Informationen.* [Online] PAC Werbeagentur GmbH, Dezember 2009. [Zitat vom: 22. November 2010.] http://www.cellent.de/index.php?option=com_content&view=article&id=66&Itemid=61.

—. 2010. Konzernabschluss zum Geschäftsjahr 2009. *Unternehmensregister.* [Online] 20. September 2010. [Zitat vom: 24. November 2010.] https://www.unternehmensregister.de.

Chandler, Alfred D. 1975. *Strategy and structure: chapters in the history of the industrial enterprise.* s.l. : MIT Press, 1975. [based on intensive studies of General Motors, DuPont, Standard Oil of New Jersey, and Sears, Roebuck]. ISBN 9780262530095.

Collins, James C. und Porras, Jerry I. 1996. Building Your Company's Vision. *Harvard Business Review.* 1996, September-October, S. 65-77.

Fischermanns, Guido. 2008. *Praxishandbuch ProzessManagement.* 7., überarbeitete Auflage. Wettenberg : Schmidt (Götz), 2008. Bde. 9 von ibo-Schriftenreihe Organisation. ISBN 978-3921313732.

Fitzek, Daniel. 2002. *Kompetenzbasiertes Management: Ein Ansatz zur Messung und Entwicklung von Unternemenskompetenzen.* St. Gallen : Institut für Technologiemanagement, Universität St. Gallen, 2002.

Froböse, Michael und Kaapke, Andreas. 2000. *Marketing: Eine praxisorientierte Einführung mit Fallbeispielen.* Frankfurt/Main : Campus-Verlag, 2000. ISBN 9783593362977.

Frölich, Uwe, Heiden, Andreas und Heydemann, Thomas. 2002. *IT-Projektmanagement zur optimalen Netzwerk-Infrastruktur.* s.l. : Mitp, 2002. ISBN 9783826608490.

Gabler. 1988. *Gabler Wirtschaftslexikon.* 12. Auflage. Wiesbaden : Gabler Verlag, 1988. ISBN 3409303642.

Galbraith, Jay R. 1983. Strategy and Organization Planning. *Human Resource Management.* Spring/Summer 1983, Vol. 22, Numbers 1/2, S. 63-77.

Gaubinger, Kurt, Werani, Thomas und Rabl, Michael. 2009. *Praxisorientiertes Innovations- und Produktmanagement: Grundlagen und Fallstudien aus B-to-B-Märkten.* Wiesbaden : Gabler Verlag, 2009. ISBN 9783834909749.

Gausemeier, Jürgen, Plass, Christoph und Wenzelmann, Christoph. 2009. *Zukunftsorientierte Unternehmensgestaltung: Strategien, Geschäftsprozesse und IT-systeme für die Produktion von Morgen.* s.l. : Hanser Verlag, 2009. ISBN 9783446410558.

Giesel, Katharina D. 2007. *Leitbilder in den Sozialwissenschaften: Begriffe, Theorien und Forschungskonzepte.* Wiesbaden : VS Verlag, 2007. ISBN 9783531156484.

Grant, Robert M. 2005. *Contemporary strategy analysis.* Fünfte, illustrierte Auflage. s.l. : Wiley-Blackwell, 2005. ISBN 9781405119993.

Gurun, James E., et al. 2010. NetMBA. *Internet Center for Management and Business Administration.* [Online] 2010. [Zitat vom: 07. November 2010.] http://www.netmba.com.

Hagemann, Gisela. 2003. *Methodenhandbuch Unternehmensentwicklung: Ist-Situation analysieren, Strategie entwickeln, Marke positionieren. Mit vielen Arbeitsblättern und Checklisten.* Wiesbaden : Gabler Verlag, 2003. ISBN 3409124020.

Haller, Sabine. 2010. *Dienstleistungsmanagement: Grundlagen- Konzepte- Instrumente.* Vierte, aktualisierte Auflage. Wiesbaden : Gabler Verlag, 2010. ISBN 9783834915313.

Hammer, Michael und Champy, James. 2003. *Business Reengineering: Die Radikalkur für das Unternehmen.* siebte Auflage. Frankfurt/New York : Campus Verlag GmbH, 2003. ISBN 9783593350172.

Harvard Business School. 2006. *Essentials of strategy.* Illustrierte Auflage. s.l. : Harvard Business School Press, 2006. ISBN 9781591398226.

Hax, Arnoldo C. und Wilde, Dean L. 2001. *The Delta project: discovering new sources of profitability in a networked economy.* New York : Palgrave Macmillan, 2001. ISBN 9780312240462.

Henzler. 1988. Strategische Planung. *Zeitschrift für Betriebswirtschaft.* Dezember 1988, Ausgabe 12, S. 1290.

Hill, Charles und Jones, Gareth. 2009. *Strategic Management Theory: An Integrated Approach.* neunte Auflage. s.l. : South-Western Cengage Learning, 2009. ISBN 9780538751070.

Hinterhuber, Hans H. 2004. *Strategische Unternehmungsführung: Vol. 1: strategisches denken Vision Unternehmenspolitik- Strategie.* siebte, illustrierte Auflage. Berlin : Walter de Gruyter, 2004. ISBN 9783110181067.

Hofmann, Jürgen. 2010. *Masterkurs IT-Management.* [Hrsg.] Werner Schmidt. 2., aktualisierte und erweiterte Auflage. Wiesbaden : Vieweg+Teubner, 2010. ISBN 9783834808424.

Huber, Alexander. 2006. *Strategische Planung in deutschen Unternehmen - Empirische Untersuchung von über 100 Unternehmen.* Berlin : PHIUS Institut für Unternehmensstrategie, 2006. ISBN 3000184635.

Hungenberg, Harald. 2004. *Strategisches Management in Unternehmen. Ziele, Prozesse, Verfahren.* dritte Auflage. Wiesbaden : Gabler Verlag, 2004. ISBN 9783409330633.

Hungenberg, Harald und Wulf, Torsten. 2007. *Grundlagen der Unternehmensführung.* dritte Auflage. Berlin : Springer, 2007. ISBN 9783540735199.

Infopark AG. 2008. Web-Strategie erfolgreich planen und umsetzen. *Whitepaper Web-Strategie.* [Dokument]. Berlin : s.n., 2008.

Johnson, Gerry, Scholes, Kevan und Whittington, Richard. 2008. *Exploring corporate strategy: Text and cases.* achte Auflage. s.l. : Pearson Education, 2008. ISBN 9780273711926.

Kaplan, Robert S. und Norton, David P. 1996. *The balanced scorecard.* s.l. : Harvard Business Press, 1996. ISBN 0875846513.

Kerth, Klaus und Asum, Heiko. 2008. *Die besten Strategietools in der Praxis: welche Werkzeuge brauche ich wann? Wie wende ich sie an? Wo liegen die Grenzen.* Dritte, erweiterte Auflage. München : Carl Hanser Verlag, 2008. ISBN 9783446414532.

Kieser, Alfred und Walgenbach, Peter. 2007. *Organisation.* Fünfte, überarbeitete Auflage. Stuttgart : Schäffer-Poeschel, 2007. ISBN 9783791025919.

Klein, Jeremy A. und Hiscocks, Peter G. 1994. Competence-based competition: a practical toolkit. [Hrsg.] Gary Hamel und Aimé Heene. *Competence-based competition.* s.l. : John Wiley, 1994, S. 183-212.

Kotler, Philip und Keller, Kevin. 2006. *Marketing Management.* 12. Auflage. New Jersey : Pearson Prentice Hall, 2006. ISBN 0131457578.

Krcmar, Helmut. 2010. *Informationsmanagement.* Fünfte, vollständig überarbeitete und erweiterte Auflage. Heidelberg : Springer, 2010. ISBN 9783642042850.

Leimbach, Timo. 2010. *Software und IT-Dienstleistungen: Kernkompetenzen der Wissensgesellschaft Deutschland.* Competence Center neue Technologien, Fraunhofer Institut für System- und Innovationsforschung. Karlsruhe : s.n., 2010. Studie.

Lünendonk GmbH. 2010. Lünendonk MARKTFORSCHUNG - MARKTANALYSE - MARKTBERATUNG. *Top 25 der IT-Beratungs- und Systemintegrations-Unternehmen in Deutschland 2009.* [Online] 20. Mai 2010. [Zitat vom: 22. November 2010.] http://www.luenendonk.de/it_beratung.php.

Magel, Anselm C. 2009. Cloud Computing bedroht IT-Dienstleister und Telkos. *Computerwelt.* [Online] 16. September 2009. [Zitat vom: 13. Februar 2011.] http://www.computerwelt.at/ detailArticle.asp?a=123769&n=2.

MBPW GmbH. 2008. *Der optimale Businessplan - Handbuch Münchener Business Plan Wettbewerb.* [Hrsg.] Werner Arndt. München : panta rhei c.m., 2008.

Mintzberg, Henry. 1987a. Crafting Strategy. *Harvard Business Review.* 1987a, Ausgabe 65 (July-August 1987).

—. 1978. Patterns in Strategy Formation. [Hrsg.] INFORMS. *Management Science.* May 1978, Vol. 24, No. 9, S. 934-948.

—. 1987b. The Strategy Concept I: Five Ps For Strategy. *California Management Review.* 1987b, Herbst 1987, S. 11-24.

Mintzberg, Henry, et al. 2003. *The strategy process: concepts, contexts, cases.* [Hrsg.] Henry Mintzberg und Sumantra Ghoshal. 4., illustrierte Auflage. s.l. : Pearson Education, 2003. ISBN 9780273651208.

Nicolai, Christiana. 2009. *Betriebliche Organisation.* Stuttgart : Lucius & Lucius Verlagsgesellschaft mbH, 2009. ISBN 9783828204904.

o.V. 2011. Delta Modell. *12Manage - the executive fast track.* [Online] 12Manage - E-Learning Gemeinschaft zum Thema Management, 06. Januar 2011. [Zitat vom: 06. Januar 2011.] http://www.12manage.com/methods_hax_wilde_delta_model_de.html.

Ohmae, Kenichi. 1982. *The Mind of the Strategist.* s.l. : McGraw-Hill Professional, 1982. ISBN 9780070479043.

Porter, Michael E. 1980. *Competitive Strategy: Techniques for analyzing industries and competitors: with a new introduction/Michael E. Porter.* New York : The Free Press, 1980. ISBN 0684841487.

—. 1979. How competitive forces shape strategy. *Harvard Business Review.* 1979, March-April, S. 137-145.

—. 1996. What is Strategy? *Harvard Business Review.* Reprint 96698, November-December 1996, S. 61-78.

Prahalad, C. K. und Hamel, Gary. 1989. Strategic Intent. *Harvard Business Review* . Mai-Juni 1989, S. 63-77.

—. 1990. The Core Competence of the Corporation. *Harvard Business Review.* Mai-Juni 1990, Ausgabe 3, S. 79-91.

Quinn, James Brian. 1981. Formulating Strategy one Step at a Time. *Journal of Business Strategy.* Winter 1981, S. 42-63.

Regierungskomission DCGK. 2010. Deutscher Corporate Governance Kodex. *3. Zusammenwirken von Vorstand und Aufsichtsrat.* [Online] 26. Mai 2010. [Zitat vom: 11. November 2010.] http://www.corporate-governance-code.de/ger/kodex/3.html.

Sattler, Ralf R. 2003. *Unternehmerisch denken lernen - Das Denken in Strategie, Liquidität, Erfolg und Risiko.* 2., völlig überarbeitete Auflage. München : Deutscher Taschenbuch Verlag GmbH & Co. KG, 2003. ISBN 3423508191.

Schmelzer, Hermann J. und Sesselmann, Wolfgang. 2008. *Geschäftsprozessmanagement in der Praxis.* München : Carl Hanser Verlag, 2008. ISBN 9783446410022.

Simon, Herbert A. 1991. Bounded Rationality and Organizational Learning. *Organization Science.* Vol. 2, February 1991, Nr. 1, S. 125-134.

Simon, Hermann und Gathen, Andreas von der. 2002. *Das große Handbuch der Strategieinstrumente: Alle Werkzeuge für eine erfolgreiche Unternehmensführung.* Frankfurt / New York : Campus Verlag, 2002. ISBN 9783593369938.

Smith, Adam. 2009. *An Inquiry into the Nature and Causes of The Wealth of Nations.* s.l. : Digireads.com Publishing, 2009. ISBN 9781420932065.

Spengler, Gerrit. 2009. *Strategie- und Organisationsentwicklung.* Wiesbaden : Gabler , 2009. ISBN 978-3-8349-1863-5.

Stiehler, Andreas. 2010. Berlecon Research GmbH. *IT-Services-Preise: Es bleibt frostig!* [Online] 30. Juni 2010. [Zitat vom: 03.. Dezember 2010.] http://www.berlecon.de/research/spotlights.php?we_objectID=459.

The Economist. 2009. *The burning platform - How companies are managing change in a recession.* Business Research. s.l. : The Economist Intelligence Unit Limited, 2009. S. 17, Umfrage.

Trauboth, Jörg Helmut. 2000. Risikomanagement und das Gesetz zur Kontrolle und Transparenz im Unternehmensbereich (KonTraG). [Hrsg.] Institut für Krisenforschung. *Krisennavigator.* 2. Jahrgang, April 2000, Ausgabe 4.

Treacy, Michael und Wiersema, Fred. 1993. Customer Intimacy and Other Value Disciplines. *Harvard Business Review.* 1993, January-February.

—. 1997. *The discipline of market leaders: choose your customers, narrow your focus, dominate your market.* New York : Basic Books, 1997. ISBN 9780201407198.

Tzu, Sun und Giles, Lionel. 2005. *The Art of War.* [Übers.] Lionel Giles. Kommentierte Ausgabe. El Paso : El Paso Norte Press, 2005. ISBN 9780976072690.

Ulwick, Anthony W. 1999. *Business Strategy Formulation - Theory, Process, and the Intellectual Revolution.* Westport, Connecticut; London : Quorum Books, 1999. ISBN 156720273X.

Utikal, Hannes und Ebel, Bernhard. 2006. Reorganisation im Mittelstand: Wie gelangt man von der Strategie zur Struktur? *zfo - Zeitschrift Führung + Organisation.* 2006, Ausgabe 75, S. 170-176.

Vahs, Dietmar und Burmester, Ralf. 2005. *Innovationsmanagement: von der Produktidee zur erfolgreichen Vermarktung.* Stuttgart : Schäffer-Poeschel, 2005. ISBN 3791023551.

von den Eichen, Stephan A. Friedrich. 2004. *Entwicklungslinien des Kompetenzmanagements.* [Hrsg.] Heinz K. Stahl, Hans H. Hinterhuber und Kurt Matzler. s.l. : Deutscher Universitäts-Verlag, 2004. ISBN 9783824480333.

Von der Strategie zur Struktur. **Utikal, Hannes. 2002.** Frankfurt : s.n., 8. Juli 2002, Frankfurter Allgemeine Zeitung.

Ward, John und Peppard, Joe. 2002. *Strategic Planning for Information Systems.* Dritte Auflage. s.l. : John Wiley & Sons, 2002. ISBN 978-0470841471.

Weiand, Achim. 2008. *OneE.ON - Die Gestaltung einer gemeinsamen Unternehmenskultur im E.ON-Konzern.* [Hrsg.] Bertelsmann-Stiftung. Gütersloh : s.n., 2008.

WIMA GmbH. 2002. Strategisches Risikomanagement - mehr als KonTraG. *Homepage der Firma WIMA.* [Online] WIMA Gesellschaft für angewandte Betriebswirtschaft mbH, 2002. [Zitat vom: 22. November 2010.] http://www.wima-gmbh.de/service/fachart/frmskap.html.

Winkelmann, Peter. 2010. *Marketing und Vertrieb: Fundamente für die Marktorientierte Unternehmensführung.* 7. Auflage. München : Oldenbourg Wissenschaftsverlag, 2010. ISBN 9783486592085.

Wittmann, Robert G. und Reuter, Matthias P. 2008. *Strategic Planning: How to Deliver Maximum Value Through Effective Business Strategy.* illustrated edition. s.l. : Kogan Page, 2008. ISBN 9780749452339.

Wüthrich, Hans A. und Osmetz, Dirk. 2000. Die Prozessstufen der Strategieentwicklung. [Online] 2000. [Zitat vom: 30. November 2010.] http://www.org-portal.org/index.php?id=12&tx_ttnews[pointer]=10&tx_ttnews[tt_news]=7&tx_ttnews[backPid]=43&cHash=88d764a789.

Zarnekow, Rüdiger. 2007. *Produktionsmanagement von IT-Dienstleistungen.* [Hrsg.] H. Österle, R.Winter und W. Brenner. Berlin Heidelberg New York : Springer, 2007. ISBN 978-3-540-47458-6.

Zerres, Christopher und Zerres, Michael P. 2006. Handbuch Marketing-Controlling. dritte, überarbeitete Auflage. Berlin : Springer, 2006.

ZEW. 2010. ZEW-Branchenreport Dienstleister der Informationsgesellschaft. *Zentrum für Europäische Wirtschaftsforschung.* [Online] Zentrum für Europäische Wirtschaftsforschung GmbH, Dezember 2010. [Zitat vom: 5. Februar 2011.] http://www.zew.de/de/publikationen/branchenreportdienstleistungen.php3.